Kyong-Sook Song

Understanding Global Englishes and Cultures: A Sociolinguistic Approach

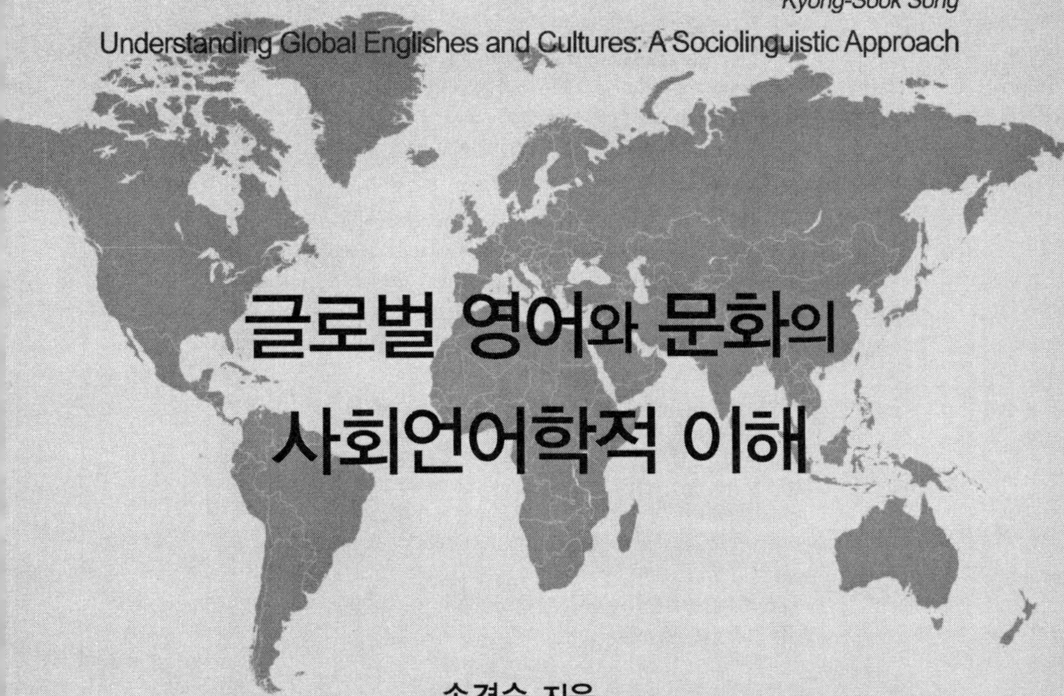

글로벌 영어와 문화의 사회언어학적 이해

송경숙 지음

신아사

송경숙

미국 죠지타운(Georgetown) 대학교 언어학 박사
현재 동의대학교 영어학과 교수, 글로벌커뮤니케이션연구소 소장
현재 한국영어학회 부회장, 한국언어학회 부회장(역)
한국사회언어학회 및 한국응용언어학회 편집이사(역)

대표 논저
「An Interactional Sociolinguistic Analysis of Argument Strategies in Conversational Discourse: Negotiating Disagreement and Conflict」(1993)
「Dynamics of Gender in Korean Argumentative Conversational Discourse」(1994)
「TV 생방송 토론의 사회언어학적 분석」(2000)
「한국어와 영어 사이버 커뮤니케이션에서의 남성과 여성 간의 성(gender)의 역학」(2003)
「사이버 커뮤니케이션에서 한국어와 영어 간의 코드-스위칭 전략: 페이스북을 중심으로」(2014)
「세계 영어들 및 글로벌 영어 문화의 통합적 교육: 멀티미디어를 활용한 블랜디드 러닝을 중심으로」(2015)
「특수목적영어(ESP)의 세계 영어들을 통한 통합적 교육」(2022)
『담화분석: 대화 및 토론 분석의 실제』(2002) 한국문화사. 대한민국학술원 우수학술도서 선정.
『담화 화용론』(2003) 한국문화사. 대한민국학술원 우수학술도서 선정.
『국제사회영어의이해』(2007) 한국문화사

Understanding Global Englishes and Cultures: A Sociolinguistic Approach

글로벌 영어와 문화의 사회언어학적 이해

초판 1쇄 발행 _ 2017년 2월 25일
1판 2쇄 발행 _ 2023년 3월 10일

저　자 • 송 경 숙
발 행 인 • 정 현 걸
발　행 • 신 아 사
인　쇄 • 대명프린팅
출판등록 • 1956년 1월 5일 (제9-52호)
주　소 • 서울시 은평구 통일로 59길 4 (2F)
전　화 • 02)382-6411 · 팩스 02)382-6401
홈페이지 • www.shinasa.co.kr
E-MAIL • shinasa@daum.net

ISBN 978-89-8396-976-7 (93740)

정가 12,000원

프라임 동의 인문교양 총서

이 저서는 교육부의 산업연계교육활성화선도대학(PRIME)사업 사업비를 지원받아 집필한 저서임

머리말

오늘날 영어가 링구라 프랑카로, 제1의 국제어·세계어로 확고하게 자리매김하고 있는 것은 19세기 말 절정이었던 대영제국의 식민주의적 힘의 팽창과 20세기 경제강국으로서 미국의 출현 결과이다. 동일 선상에서, 영어는 영국식과 미국식으로 대별되고, 영어 비모국어 화자는 영어를 제2언어(ESL)나 외국어(EFL)로 사용하는 그룹으로 구분된다. 오늘날 이중언어 및 다언어주의를 권장하고 채택하는 국가 및 언어 공동체는 이주, 제국주의, 연합, 국경지대의 사회적 현상을 경험하였다. 영어가 공용어·공식어, 제2 언어, 외국어, 교육언어 등의 다양한 역할을 하는 것은 개별 국가나 언어 공동체의 다양한 사회·문화·경제·정치적 필요성을 반영한 언어적 실용주의의 결과이기도 하다.

국제화·세계화 시대에 다양한 사회·문화적 배경의 지구촌인들과 다양한 맥락에서 영어로 의사소통하는 기회가 증가하는 상황에서, 다양한 영어권 국가들로 어학연수, 유학, 사회·문화·경제적 교류가 이루어지는 상황에서, 글로벌 인재와 교양인, 세계시민에게는 영어 커뮤니케이션 능력과 글로벌 문화 이해가 요구된다. 무엇보다 새로운 국가 및 언어 공동체에서 출현하는 다양한 "세계 영어들(World Englishes)"에 대한 이해와 수용의 필요성이 대두되었다.

언어와 문화와 사회와(간)의 만남과 소통, 세계 영어들을 포함한 사회언어학에로의 여정은 필자의 대학원 과정에서부터 시작되었다. 특히 1988년 미국 죠지타운(Georgetown) 대학교 언어학 박사과정 가을학기 Fasold교수님의 '언어의 사회학' 강좌를 수강하면서 다언어주의, 다층언어(diglossia), 언어정책 및 표준화, 언어태도 및 선택 등의 거시 사회언어학에 대한 이해의 폭을 넓일 수 있었다. 그 후 변이분석, 사회언어학 현지조사법, 언어와법, 문화간 의사소통 등의 강좌 수강을 통해서, 1989년 10월 듀크(Duke)대학교에서 개최된 NWAVE(New Ways of Analyzing Variation in English) 컨퍼런스에 참가하면서, 사회언어학 "함(Doing)"의 즐거움을 관찰하고 동참할 수 있었다.

국제화·세계화의 추세에서 "세계 영어들(World Englishes)"에 대한 이해와 수용의 필요성이 대두되는 한국적 현실에서, 2003년에 영어영문학과 전공 교과목 '국제 사회 영어의 이해'를 개설하여 *International English: A Guide to the Varieties of Standard English* (Trudgill & Hannah, 2002, Arnold/Oxford Univ. Press)를 중심으로 2006년까지 담당하였고, 2015년에는 전공 교과목 '국제 사회 영어들의 이해'로 개설하여 담당하였다. 2007년부터는 교양 교과목 '글로벌 영어 문화의 이해'를 개설하여 담당하고 있다. 글로벌 영어 및 세계 영어들로의 여정과 탐구는 Trudgill & Hannah(2002) 등에 기초한『국제 사회 영어의 이해: 세계 영어들』로 2007년 출간되었다. 글로벌 영어, 세계 영어들을 중심으로 한 효과적인 영어교육 방안 및 언어정책 등에 대한 교육 및 연구 결과는 국내·외 학술지 및 학술대회(IAWE, LACUS, ILA, GloCALL, AsiaTEFL, ACAH, WCSEL)에서 발표하였다.

국제화·세계화 시대에 글로벌 인재와 교양인, 세계 시민에게 필수적인 영어 커뮤니케이션 능력의 함양과 글로벌 문화 이해의 증진을 위하여, 그리고 2017년 교양 교과목 '글로벌 영어와 문화의 사회언어학적 이해'의 개설에 맞추어, 이 책에서는 전 세계적으로 모국어, 제1언어, 공용어·공식어로 사용되는 글로벌 영어, 세계 영어들의 특징을 해당 국가 및 언어 공동체의 사회·문화적 특징과 함께 사회언어학적, 인문학적 관점에서 『국제사회 영어의 이해: 세계 영어들』(2007)과 Trudgill & Hannah(2002)에 주로 기초하여 소개한다.

우선 제1장에서는 영어의 발전 및 전파, 현지화, 다언어주의, 글로벌 영어 및 세계 영어들의 교육적 함축에 대해 설명한다. 제2장에서는 영국 영어와 문화를 잉글랜드, 웨일즈, 스코틀랜드, 아일랜드를 중심으로 한 영국 영어의 특징을 음 체계 및 발음, 문법, 어휘를 중심으로 각 지역의 사회언어학적 상황과 함께 소개한다. 제3장에서는 미국 영어와 문화를 지역적 변이를 중심으로 한 사회언어학적 상황, 음 체계 및 발음, 문법, 어휘, 철자법을 중심으로 한 미국 영어의 특징, 그리고 아프리카계 미국인 영어의 특징을 중심으로 논의한다. 제4장에서는 캐나다 영어와 문화를 캐나다의 사회언어학적인 상황, 캐나다 영어의 특징, 캐나다 영어의 지역적 변이를 중심으로 고찰한다.

제5장에서는 호주 영어와 문화를 호주의 사회언어학적 상황, 영어의 특징, 호주 원주민 영어의 특징을 중심으로 탐구한다. 제6장에서는 뉴질랜드 영어와 문화를 뉴질랜드의 사회언어학적 상황, 뉴질랜드 영어의 특징, 마오리어 및 마오리 영어의 특징을 중심으로 논의한다. 제7장에서는 싱가포르, 말레이시아 영어와 문화를, 제8장에서는 인도, 필

리핀, 홍콩 영어와 문화를, 해당 국가의 사회언어학적 상황과 영어 특징을 중심으로 탐구한다. 마지막으로 제9장에서는 아프리카 영어와 문화를 남아프리카, 서아프리카, 동아프리카의 사회언어학적 상황과 영어 특징을 중심으로 살펴본다.

이 책에서의 글로벌 영어와 문화에 대한 사회언어학적, 인문학적 접근 및 탐구가 영어학, 영어교육, 사회언어학 분야 전공자들, 글로벌 역량, 소통역량, 융복합 역량, 커리어 역량 등의 강화를 기대하는 교양인과 세계시민들, 문화간 글로벌 커뮤니케이션, 언어정책 등에 관심 있는 일반인과 전문가들에게 도움이 되길 기대한다. 이 책이 나오기까지 국내·외에서 지도와 협조를 해주신 분들과 기관들에게 감사드린다. 특히 Trudgill & Hannah(2002)와 Crystal(2003)의 저자 및 관계자분들, 캐나다 토론토대학교의 Chambers교수님께 자료제공과 협조에 감사드린다.

2017년 2월에
송경숙

목차

제4장 캐나다 영어와 문화

제5장 호주 영어와 문화

제6장 뉴질랜드 영어와 문화

제7장 싱가포르, 말레이시아 영어와 문화

제8장 인도, 필리핀, 홍콩 영어와 문화

RUSSIA
CHINA
AUSTRALIA

제1장

글로벌 영어, 세계 영어들, 문화

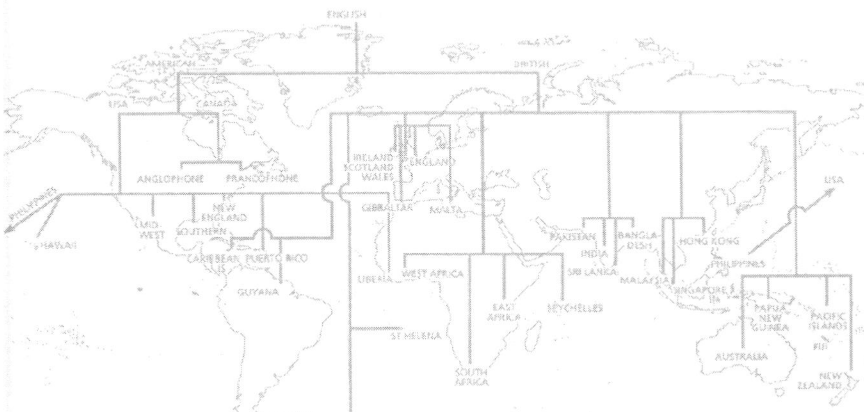

글로벌 시대에 영어가 제1의 국제어·세계어로 확고하게 자리매김하고 세계적 지위를 확보하게 된 것은 19세기 말에 절정이었던 대영제국의 식민주의적 힘의 팽창과 20세기 경제 강국으로서 미국의 출현에 기인한다고 Crystal(2003: 59)는 설명한다. 영어가 오늘날 국제어로 간주되는 것은, 영어를 제2 언어나 외국어로 사용하는 화자들의 수가 급속하게 증가한 것뿐만 아니라, 국제화(globalization)와 관련된 문화적·정치적 함축성과 밀접하게 관련되고 영어의 다양한 경제적·사회적 영향력을 반영한다고 Sonntag(2003: xi)은 지적한다.

글로벌 시대에 국가 간 교류의 증대와 함께 영어가 글로벌·세계어로 확고하게 자리매김하고, 다양한 경제적·사회적 관점에서 국제 사회에 대한 다양한 관심이 증대되는 상황에서, Strevens(1980)의 아래 지적은 시사하는 바가 적지 않다.

> (1) the native speaker of English must accept that English is no longer his possession alone; it belongs to the world, and new forms of English, born of new countries with new communicative needs, should be accepted into the marvellously flexible and adaptable galaxy of 'Englishes' which constitute the English language. (Strevens 1980: 90)

곧 영어가 영국과 미국을 중심으로 한 모국어 화자들만의 언어가 아니라, 새로운 의사소통의 필요성으로 인해 새로운 다른 국가에서 출현하는 새로운 형태의 '영어들(Englishes)'에 대한 이해와 수용의 필요성이 대두되었다. Trudgill(1995: 316)은 영국 영어가 과거 인도 영어보다 우월했기 때문에 과거에 행해진 것처럼 영국 영어를 모델로 삼아야 한다고 주장하는 것은 "언어적으로 무의미" 할 뿐만 아니라 "사회적·교육적 억압"이 될 수 있다고 지적한다.

지구촌 시대에 국내·외에서 다양한 사회적·문화적 배경을 갖고 있는 지구촌 시민들과 영어로 상호 교류하는 기회가 많아지고, 다양한 국가 출신의 영어 교사들이 한국의 여러 영역에서 영어 교육에 참여하고 있는 상황에서, 효과적인 의사소통을 위해서는 다양한 국제 사회 영어의 특징에 대한 적절한 이해가 요구된다. 이런 관점에서 여러 영어 사용 국가 및 언어 공동체의 사회언어학적 상황 및 다양한 영어들의 대조적 특징에 대한 논의가, 국제화 시대에 능동적으로 대처하기 위한 효과적인 의사소통 능력의 함양을 지향하는 영어 교육 및 학습에서 활용되고, 나아가 영어의 역동성을 이해하는 데에 필수적이다.

본 장에서는 영어의 발전·전파 및 현지화, 다언어 사용 국가에서의 언어 사용 양상, 국제어, 글로벌 영어, 세계 영어들의 교육적 함축에 대해 논의한다.[1]

1) 본 장은 송경숙(2007)의 1장, Crystal(2003), Trugill & Hannah(200)에 주로 기초함.

1. 영어의 발전, 전파 및 현지화

영어는 5~6세기 게르만 민족인 주트족(Jutes), 앵글족(Angles), 색슨족(Saxons), 프리슬란드인들(Frisians)이 영국을 침입한 이후 영국의 게르만어(Germanic)에서 발전하였다. Trudgill & Hannah(2002: 3-4)에 따르면, 이 게르만어는 중세까지 스코틀랜드(Scotland) 남부와 동부뿐만 아니라 영국의 거의 모든 지역에서 영국 본래의 켈트어(Celtic)를 대신하였다. 하지만 1600년대까지 영어는 비교적 소수 화자들이 사용하였고, 지형적으로는 영국에만 한정되었다. 영국 본래의 켈트어는 웨일즈어(Welsh)의 형태로 웨일즈(Wales)의 거의 모든 지역과, 잉글랜드(England) 남서부 콘월(Cornwall) 지역에서 콘월어(Cornish) 형태로 잔존하였다. 하이랜드(Highlands)와 스코틀랜드의 서부 및 북부 섬 지역에서는 중세 전반에 아일랜드(Ireland)로부터 유입된 또 다른 켈트어인 게일어(Gaelic)가 사용되었다.

영어는 17세기에 지형적으로나 인구 통계적 관점에서 현재와 유사한 확장을 시작하였다. 이러한 확장은 1600년대 후반 영어 사용자들의 북미 지역에서의 정착과 더불어, 스코틀랜드에서 아일랜드 북부 지역으로의 영어 유입과 함께 시작되었다(Trudgill & Hannan 2002). 그 이후 아일랜드 남부 지역으로는 1700년대에, 웨일즈 지역으로는 1800년대에 전파되었다.

영어의 남반구(Southern Hemisphere) 변이형은 1800년대에 발전하기 시작하였다(Trudgill & Hannah 2002: 4). 호주에 대한 대영제국의 광범위한 식민지화가 19세기 초에 시작되었고, 뉴질랜드와 남아프리카에서도 계속 진행되었다. 전 세계적으로 영어를 모국어로 사용하는 국가와 지역은 아래 Trudgill & Hannah(2002)의 <지도 1>에서 잘 나타나고 있다.

〈지도 1〉 영어 모국어 사용 국가 및 지역

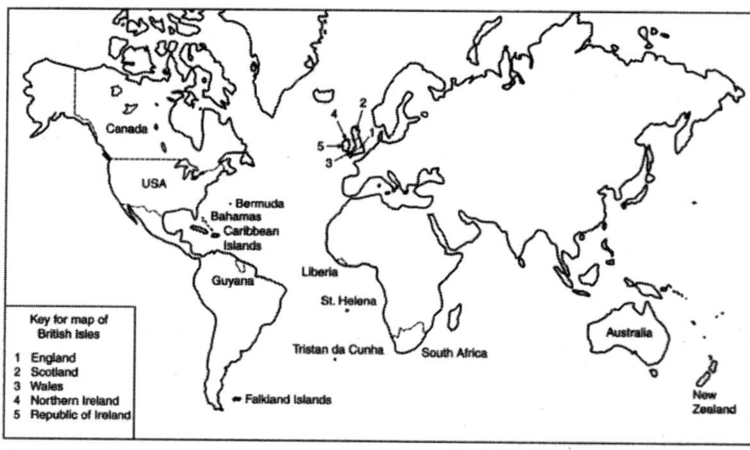

영어는 전통적으로 영국식과 미국식의 두 가지 표준형으로 분류된다. Trudgill & Hannah(2002: 2)에 따르면, 문법과 어휘에 관한 한 '영국식 영어(British English)'는 잉글랜드 지역과, 최소의 변이를 허용하면 웨일즈, 스코틀랜드, 북아일랜드, 아일랜드 공화국, 호주, 뉴질랜드, 남아프리카의 교육을 받은 화자들이 말을 하고 글을 쓸 때 사용하는 형태이다. 하지만 발음에 관한 한 영국식 표준 영어는 좀 더 제한적으로 'RP(Received Pronunciation)'를 가리킨다.

다른 표준 영어형인 '북미 영어(North American English)는, 외국어나 제2 언어로서 영어 학습자들에게 광범위하게 교수되는 영어형이다. 북미 영어는 주로 미국과 캐나다의 교육을 받은 화자들이 말을 하고 글을 쓸 때 사용하는 형으로, 미국 영어와 캐나다 영어로 구분된다.

영어는 모국어 화자보다 비모국어 화자가 더 많은 언어이다. Trudgill & Hannah(2002: 123)에 따르면, 영어 비모국어 화자들은 2유형으로 분류된다. 첫째, 외국어로서 영어(English as a Foreign Language, EFL)를 사용하는 화자들로 국제 간 의사소통을 위해 영어를 학습하는 그룹이다. 둘째, 제2 언어로서 영어(English as a Second Language, ESL)를 사용하는 화자들로 주로 '공용어·공식어(official language)', 교육 언어, 국가 내의 의사소통 수단으로 영어를 사용하는 그룹이다.

영어가 모국어, 공식어, 제2 언어로서 전 세계적으로 전파되어 분포된 상황을 Crystal(2003)은 영국식과 미국식 영어의 두 가지 표준형으로 구분하여 아래 <지도 2>에서 '언어 가계도(language family tree)'로 나타내고 있다.

〈지도 2〉 영어의 분포 가계도

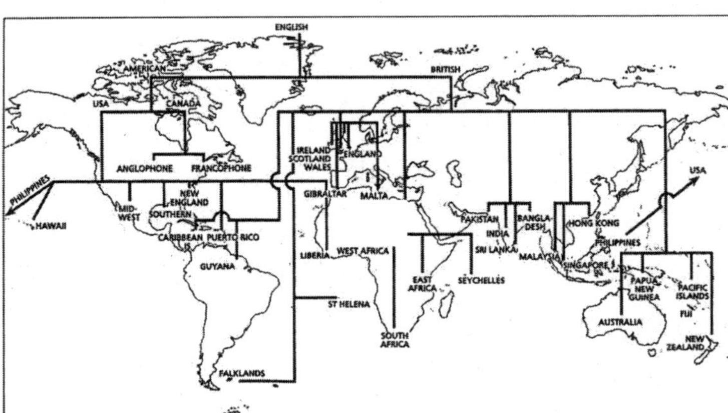

Crystal(2003: 70)

유럽에서 영어를 모국어로 사용하는 국가는 대영국(Great Britain)과 아일랜드 공화국(Republic of Island)이고, 공식어로 사용하는 국가는 기브랄타(Gibraltar)와 말타(Malta)이며, 제2 언어로 사용하는 국가는 사이프러스(Cyprus)이다. 아메리카에서는 푸에르토리코(Puerto Rico), 파나마(Panama)가 제2 언어로 사용한다. 아프리카에서는 리베리아(Liberia), 남아프리카(South Africa), 짐바브웨(Zimbabwe), 케냐(Kenya)에 대단위 영어 모국어 화자 공동체가 있지만, 제2 언어 화자들의 공동체가 더 크다. 인도양, 아시아, 태평양 지역에서 영어가 공용어·공식어 지위를 갖고 있는 국가는 인도(India), 싱가포르(Singapore), 홍콩(Hong Kong), 필리핀(the Philippines) 등이고, 제2 언어로 아주 광범위하게 사용되는 국가는 말레이시아(Malaysia), 방글라데시(Bangladesh), 스리랑카(Sri Lanka)이다.

'글로벌 영어(global English)의 모델을 Kachru(1988: 5)는 '3 동심원(three concentric circle) 관점에서 주장하였는데, Crystal(2003: 61)은 아래 <그림 1>로 도식화하여 설명하고 있다. '내부 원(inner circle)'은 전통적인 영어 기반으로, 영어가 제1 언어인 미국, 영국, 아일랜드, 캐나다, 호주, 뉴질랜드가 속한다. '외부 원(outer circle)'은 영어가 비모국어 상황에서 전파된 초기 국가들로, 다언어 상황에서 중요한 제2 언어의 역할을 한다. 대표적으로 싱가포르, 인도, 말라위 등이 포함된다. '확장 원(expanding/extending circle)'은 영어에 특별한 행정적 지위를 부여하지 않지만 국제어·세계어로서 영어의 중요성을 인식하여 외국어로 교육하는 국가인데, 대표적으로 중국, 한국, 그리스가 속한다.

영어를 제2 언어로 사용하는 지역들 중 많은 곳에서 영어는 '현지화·토착화(nativization)'가 되었거나 진행 중에 있다.

〈그림 1〉 영어의 3 동심원

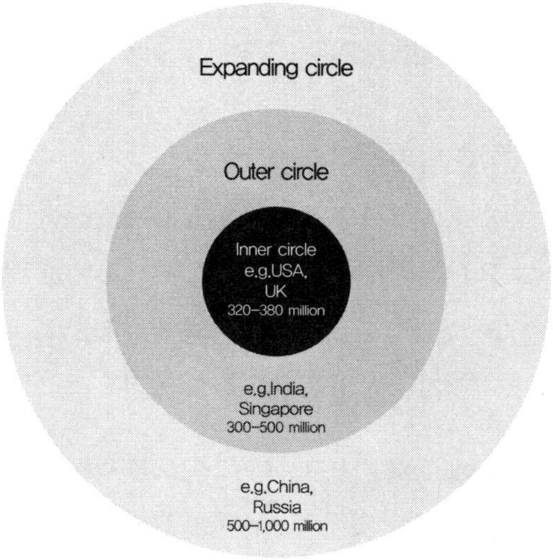

(Crystal 2003: 61)

현지화란 개별 국가 및 언어 공동체에서 다양한 필요성을 반영하면서, “특정 변이형에 대한 지역화된 언어적 정체성을 형성하는 과정”이다(Rajadurai 2004: 54). 곧 제2 영어 변이형이 광범위하고 빈번하게 사용된 결과로, 대다수의 화자들이 준수하는 비교적 일관되고 고정화된 지역적 규범이 구축되었거나 진행되고 있다. 이런 변이형은 ‘지역 언어(local language)’의 영향 때문에 모국어 화자들이 사용하는 영어와는 종종 상당한 차이를 나타낸다. 현지화 과정에 대한 적절한 기술에는 언어적 관점뿐만 아니라 기능적 동기(funcational motivation)와 관점도 포함하여야 한다(Richards 1979: 6).

2. 다언어주의 및 링구아 프랑카

전 세계적으로 많은 언어 공동체(speech community)나 국가들이 언어적으로 다양하여 이중 언어나 다언어를 구사하는 것이 현실이다. '다언어주의(multilingualism)'의 원인과 과정을 Fasold(1987: 9-12)는 이주, 제국주의, 연합, 국경지대의 네 유형으로 설명한다.

첫째, '이주(migration)'는 큰 그룹이 그 영토를 확장하여 인접한 작은 사회·문화적 그룹에 대한 지배권을 획득하는 경우와, 한 그룹의 소수 구성원이 이미 다른 국가의 지배 하에 있는 영토로 들어가는 두 가지 경우로, 대표적 예는 19세기와 20세기 초 미국의 이민 물결이다.

둘째, '제국주의(imperialism)'는 소수에 의해 지배권이 획득되는 것으로, '식민지화(colonization)', '영토 합병(annexation)', '경제 제국주의(economic imperialism)'의 세 가지 유형으로 구분된다(Fasold 1987: 10).

셋째, '연합(federation)'은 다양한 인종·민족 그룹이나 국민들이 한 국가의 정치적 통제권 하에 들어가는 것으로, 자발적 연합의 예는 스위스이고, 강제적 연합의 예는 유럽에 의한 아프리카의 식민지화이다.

넷째, '국경 지대(border area)'의 많은 곳에서 개인들은 한 국가의 시민이지만 다른 국가의 사회·문화적 기반을 두고 있다. 예를 들어, 미국의 북동부에 거주하는 불어 화자들은 캐나다 퀘백주의 거주민들과 인종적·민족적 관점에서는 가깝다.

다언어 사용 상황에서 야기될 수 있는 갈등과 그 해결책을 Crystal (2003: 127)은 다음과 같이 설명한다. 가해성(intelligibility) 곧 의사소통에 대한 필요성은 국제어인 영어를 학습하도록 조장하는 반면, 정체성(identity)에 대한 필요성은 개별 인종`민족의 언어나 문화를 장려한다. 그런데 양측의 입장이 지나치게 조장될 때 갈등이 야기된다. 그런 갈등을 피하는 방법은 개개인으로 하여금 자신이 편하게 느끼는, 언어생활이 가능한 이중 언어나 다언어 정책을 장려하는 것이다.

다언어주의 사회나 국가에서 사용되는 모든 언어가 동일한 목적이나 기능을 위해 사용되는 것이 아니며, '언어 형태(language form)'와 '사회적 기능(social function)' 간에 유기적인 관련성이 있다(Fasold 1987: 34). 이러한 다언어주의 국가에서의 언어 현상을 '다층 언어(diglossia)'란 개념으로 Ferguson(1959)은 설명한다. 하나의 언어에도 서로 구별되는 두 가지 변이형, 곧 '상층 방언(High dialect)'과 '하층 방언(Low dialect)'이 존재한다. 상층 방언은 주로 공식적이고 격식을 차린 상황에서 사용되는 반면, 하층 방언은 주로 사적이고 격식을 덜 차린 상황에서 더 적절하게 사용된다. 일반적으로 다층 언어는 하나의 언어에서 구별되는 서로 다른 '방언(dialect)'을 지칭하고, '이중 언어주의(bilingualism)'는 서로 다른 두 언어를 지칭한다.

다언어주의, 다수의 언어가 접촉하는 상황에서는, 전통적으로 '링구아 프랑카(lingua franca)' 또는 '공통어(common language)' 역할을 하는 언어의 선택과 사용이 중요하다. 링구아 프랑카가 전 세계적으로 필요할 것이란 전망은 20세기, 특히 1950년대 이후에 대두되었다(Crystal 2003: 12).

그리고 공통된 모국어를 갖고 있지 않은 개인들 간의 의사소통에서 간소화되고 혼합되며 축소된 언어형인 피진(pidgin) 이 유용한 도구가 될 수 있다 (Trudgill & Hannah 2002: 106). 다수의 화자들이 공유하고, 다음 세대에 전달되어 학습된 후에는 일정한 규범을 갖춘 고정된 형태로 발전하면, 그 언어를 피진이라 한다. 서아프리카에서는 초기 유럽과의 접촉의 결과로, 규칙화되고 축소된 영어형이 뱃사람과 무역상들과의 제한된 접촉에서 습득되었다. 하지만 서로 다른 토착민들 사이에서 링구아 프랑카로 사용되어 오늘날 '서아프리카 피진 영어(West African Pidgin English)'로 발전하였다.

피진 언어가 사회적 기능을 완벽하게 발휘하고 모국어 화자를 득할 때, 그 언어를 크레올(creole)이라 한다. (Trudgill & Hannah 2002: 107). 크레올은 피진처럼 '근원 언어(source language)'와 관련되며 간소화·규칙화되고 혼합되지만, 더 이상 축소되지는 않는다. 전 세계적으로 많은 수의 '영어 기반 크레올(English-based creoles)'이 사용되고 그 수는 증가하고 있다. 톡 피진, 비스라마, 솔로몬 제도 피진 모두가 나이지리아와 카메룬에서 크레올화 과정을 겪고 있고, 영어 기반 크레올의 대부분은 대서양 지역에서 사용되고 있다(Trudgill & Hannah 2002: 107).

3. 글로벌 영어, 세계 영어들 교육

'글로벌 언어(global language)'를 Crystal(2003: 3)은 다음과 같이 설명한다. 한 언어가 모든 국가에서 인식되는 특별한 역할을 발전시킬 때 그 언어는 국제어·세계어의 지위를 갖게 된다. 우선 글로벌 언어 지위를 획득하기 위해서 그 언어는 전 세계적으로 다른 국가에서도 채택되어야 한다. 모국어 화자가 소수일지라도 한 국가에서 특별한 지위를 두 가지 방법으로 갖게 된다. 곧 언어가 그 국가의 공용어·공식어가 되거나 외국어 교육에서 우선적으로 채택되어야 한다.

한 언어가 글로벌 언어, 국제어·세계어가 되는 이유는 그 언어를 사용하는 화자들의 수보다는 그 화자들이 누구인가와 더 관련된다고 Crystal(2003: 7)은 주장한다. 어떤 종류이든 강력한 힘의 기반 없이는 어떠한 언어도 의사소통의 국제적 매개로 발전하기는 힘들다. 예를 들어, 라틴어가 과거 로마제국 시대에 세계어가 된 것은 로마인들의 수가 많아서가 아니라 로마인들의 힘 때문이었다. 언어 사용자들의 힘, 특히 정치적, 경제적, 군사적 힘 때문이지, 단순히 언어의 고유한 구조적 자질이나 어휘의 수나 문학·문화·종교 때문만은 아니다는 것이다.

국제어·세계어의 필요성을 Crystal(2003: 11)은 다음과 같이 설명한다. 상이한 언어를 사용하는 사람들이 교류할 때 의사소통의 필요성이 대두된다. 해결책은 링구아 프랑카의 역할을 하는 언어를 찾는 것이고, 피진을 선택하여 의사소통하는 것이다.

세계 각국의 사회언어학적 상황 및 각국에서 사용되는 다양한 모습의 영어가 지닌 특징에 대한 논의는 언어의 보존과 전파, 그리고 현지화를 중심으로 한 다양성과 역동성을 이해하는 데 활용되고, 지구촌 시대 국내·외에서 다양한 국가의 사회·문화적 배경을 갖고 있는 영어 화자들 그리고 다양한 영어 변이형을 구사하는 세계인들과의 상호교류에서 '생산적(productive)' 그리고 '수용적(receptive)' 언어 능력을 발휘하여 효과적인 국제 커뮤니케이션을 영위하는 데에 활용될 수 있다.

영어 비모국어 화자들이 모국어 화자들에 버금가는 언어 구사 능력을 획득하는 것을 목표로 하는 상황에서, 한 가지 이상의 영어 변이형을 혼용하는 것에 대해 책임질 것이 없으며, 혼합·혼용에 대해 포용적 자세를 취하는 것도 나쁜 것은 아니다(Trudgill & Hannah 2002: 3). 그리고 학습자들이 한 가지 이상의 유형에 노출되는 것이 나쁘거나 혼란스런 일도 아니다.

영어 교사들은 학습자들에게 한 가지 이상의 영어 변이형을 명확하게 제시할 뿐만 아니라, 학습자들을 효과적으로 평가하기 위해서 다양한 영어 변이형에 대해 인식할 필요가 있다(Trudgill & Hannan 2002: 3). 또한 하나의 영어 변이형을 이미 학습했거나 학습하고 있는 비모국어 화자들은 다른 구어나 문어 표준 영어를 이해하는 것이 그들의 이해력을 높이는 데에 도움이 된다는 것을 인식하여야 한다.

영어 교육 현장에서 학습자들로 하여금 표준 영어에 숙달하도록 지도하는 것이 비표준 영어에 대한 기능적 언어 사용 능력을 갖추는 것보다 더 중요하다고 일반적으로 지적되었다. 하지만 '비평적 언어 교수법(critical language pedagogy)'에서 '국제적 맥락의 인식(awareness of global context)'에 대한 중요성을 강조한 Pennycook(1994: 317)은 에 따르면, 변칙이란 다른 가능성을 재창조하고자 하는 시도가 될 수 있기 때문에, 영어 교사들은 긍정적 의미에서 '변칙적인 영어(broken English)'를 학습자들에게 장려해야 한다.

영어 비모국어 화자들뿐만 아니라 모국어 화자들도 비모국어 변이형을 이해하는 데에 어려움을 느낀다. 하지만 Gough(1996)와 Mehrota(1998)가 지적한 것처럼, 모국어형과 비모국어 변이형 간의 차이가 가해성을 손상하지 않는다면, 제2 영어 변이형이 영어 모국어 영역에서 사용되는 것을 금지할 이유는 전혀 없다. 무엇보다 제2 영어 변이형을 이해하고자 하는 노력이 국제화 시대에 절실히 요구된다.

국제화 추세에 국내·외에서 다양한 사회적·문화적 배경의 화자들과 영어로 상호 교류하는 상황에서 효과적으로 의사소통하기 위해서는 다양한 국제 사회 영어들의 특징에 대한 이해가 절실히 요구된다. 이런 관점에서 여러 영어 사용 국가 및 언어 공동체들의 사회언어학적 상황, 문화, 그리고 글로벌 영어, 세계 영어들의 특징에 대한 논의가 국제화 시대에 능동적으로 대처하기 위한 효과적인 의사소통 능력의 함양을 지향하는 영어 교육 및 학습에 활용되고, 나아가 영어의 역동성을 이해하는 데에 활용될 것이다.

제 2 장

영국 영어와 문화

잉글랜드

웨일즈

스코틀랜드

아일랜드

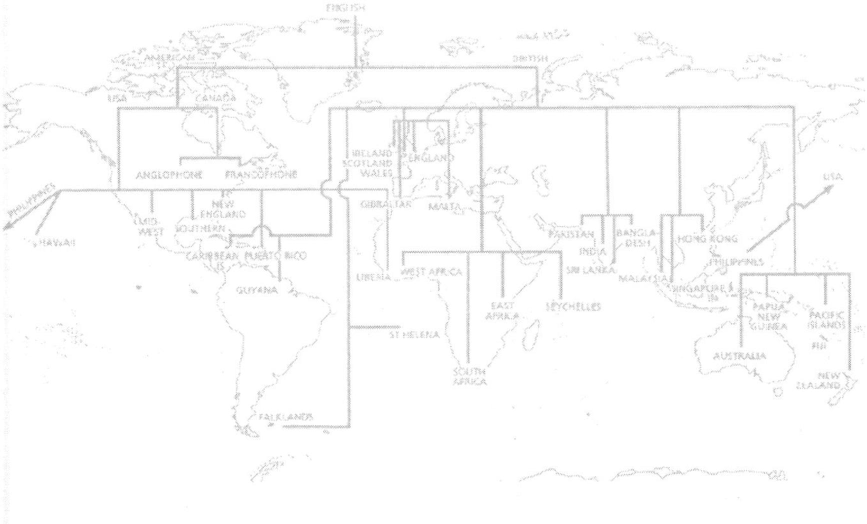

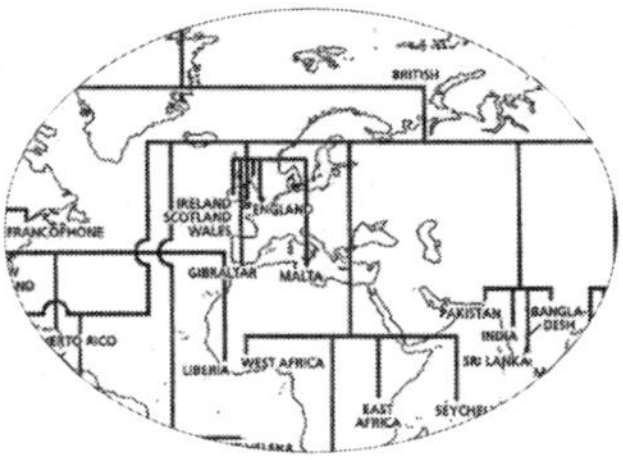

'영국식 영어(British English)'는 다양한 영어 변이형을 지칭하는데 주로 네 가지 유형으로 요약된다(Hansen 1997). 곧 영국의 잉글랜드 지역에서 사용되는 영어 변이형, 대영국(Great Britain, 잉글랜드, 웨일즈, 스코틀랜드 포함)에서 사용되는 영어 변이형, 영국 제도(the British Isles, 잉글랜드, 웨일즈, 스코틀랜드, 아일랜드 포함)에서 사용되는 영어 변이형, 그리고 미국식 영어에 대조되는 호주 영어와 뉴질랜드 영어를 포함하는 영국식 영어 변이형이다. 오늘날 영어를 영국 영어와 미국 영어로 대별하는 경향에도 불구하고, 영국 제도 내에서도 지역에 따른 변이와 차이가 존재한다. 따라서 본 장에서는 다양한 영국 영어의 특징을 잉글랜드, 웨일즈, 스코틀랜드, 아일랜드를 중심으로 Trudgill & Hannah(2002)에 주로 기초하여 논의한다.[2]

2) 본 장은 송경숙(2004a), 송경숙(2007)의 2장, Trudgill & Hannah(2002)에 주로 기초함.

1. 영국표준영어(RP), 잉글랜드 영어와 문화

영국 영어로 인식되고 영국인들이 라디오와 TV에서 매일 듣게 되며, 학교에서 교육되는 영어 발음과 악센트를 '영국 표준 영어(Received Pronunciation, 이후 RP)'라 한다. RP라는 용어의 사용은 Ellis(1869)와 Jones(1926)에서 시작된다. Jones(1926)에 따르면, RP는 "공립학교 교육을 받은 영국 남부 지역 거주 영국인 가정에서 사용되는 일상의 언어"이다.

Trudgill & Hannah(2002: 2)에 따르면, RP는 영국 잉글랜드 지역 사람들의 3~5퍼센트에 의해서만 실제로 사용된다. RP 악센트는 영국 잉글랜드 남동부 지역에 기원을 두지만, 오늘날 RP는 잉글랜드 지역에서 BBC 방송 및 공립학교와 밀접한 관련을 갖는 '사회어(social accent)'이고, 영국의 전 지역에서 명성을 얻고 있다.

어떠한 악센트도 완전히 동일한 것은 없으며 변하듯이, RP 내에서도 변이형이 존재한다. Gimson(1980)은 RP를 세 가지 유형으로 구분한다. 노년층이나 특정 전문 직종의 사회단체 화자들이 사용하는 '보수적(conservative) RP', 가장 보편적으로 사용되고 BBC 방송에서 채택되는 '일반적(general) RP', 그리고 젊은층이나 상류층 또는 특정 전문 직종 화자들이 사용하는 '진보적(advanced) RP'가 그것이다.

Wells(1982)도 RP의 세 가지 변이형을 제안하였는데, 상류층 화자들이사용하는 '상류(U) RP', RP의 일반적 특징을 갖고 있으면서 BBC에서 채택되는 것으로 Gimson의 일반적 RP에 해당되는 '주류(mainstream)

RP', 그리고 유년 시절 이후 성인이 되어 다양한 사회적 이유 때문에 사용하는 '채택적(adoptive) RP'가 그것이다. 또한 전형적인 RP의 범주에는 속하지 않지만 비(non) RP와는 확연하게 다른 특징을 보이는 '유사(near)RP'도 제안하였다.

RP를 학습하는 데에는 몇 가지 이점과 불리한 점이 있다(Trudgill & Hannah 2002: 9). 우선 이점으로, RP가 현재 영국 내에서 지방색이 거의 없고 영국의 라디오와 TV 방송에서 가장 많이 사용되므로 학생들이 들을 수 있는 기회가 많다. 반면, RP를 학습하는 데에 불리한 점은 잉글랜드 전체 인구의 3~5퍼센트만 RP를 모국어로 사용한다는 것이다. 그리고 RP는 중상류층이나 상류층과 관련된 사회어이고, 이중 모음이 많아 외국인이 배우기에 스코틀랜드 영어보다 더 어렵다는 것이다. 이 절에서는 RP의 모음, RP의 자음에 대해 Trudgill & Hannah(2002)에 기초하여 논의한다.

1.1. RP의 모음

RP에는 '지역적 변이(regional variation)'가 나타나지 않지만, 보수적 RP와 진보적 RP는 오늘날 RP에서 진행되고 있는 언어적 변화를 반영하고 있다(Trudgill & Hannah 2002: 10). RP의 모음 체계는 아래 <표 1>과 같다.

〈표 1〉 RP의 모음 체계

/ɪ/	bid, very, mirror, wanted, horses, honest
/ɛ/	bed, merry
/æ/	bad, marry
/ɒ/	pot, long, cough, horrid

/ʌ/	putt, hurry
/ʊ/	put
/iː/	bee
/ei/	bay
/ai/	buy
/ɔi/	boy
/uː/	boot
/ou/	boat
/ɑu/	bout
/ɪə/	peer, idea
/ɛə/	pair, Mary
/ʊə/	poor
/ɔə/	pore
/ɔː/	paw, port, talk, boring
/ɑː/	bard, path, dance, half, banana, father, calm
/ɜː/	bird, furry
/ə/	about, sofa, butter
/aiə/	fire
/ɑuə/	tower

(Trudgill & Hannah 2002: 10)

RP 모음의 특징을 Trudgill & Hannah(2002: 10-11)는 다음과 같이 설명한다. 첫째, 모음 /ɔə/와 /ɔː/ 간의 구별이 오늘날 많은 화자들에게서 사라지고, /ɔə/가 중년층과 젊은층 화자들 사이에서 단모음화된다. 둘째, /ai/와 /au/가 /ə/와 합쳐진 삼중 모음이 단모음으로 발음되는 경향이 많은데, 이러한 과정을 '약화(smoothing)'라 할 수 있다(Wells 1982). 예를 들어 tower /tɑuə/가 /tɑː/로 발음된다. 셋째, pair의 이중 모음 /ɛə/는 아주 빈번하게 [ɛː]로 단모음화된다. 마지막으로, suit는 /suːt/, /sjuːt/로 발음될 수 있지만, 중년이나 청년 화자들은 /uː/ 앞의 /s/ 다음에 오는 /j/를 생략하기도 한다.

1.2. RP의 자음

RP의 자음에서 관찰되는 특징을 Trudgill & Hannah(2002: 13-15)는 다음과 같이 설명한다. 우선, /l/과 관련하여, RP가 영국 영어와 다른 영어 사용 국가들과 공유하는 특징 중 하나는, /l/의 '위치적 이음(positional allophone)'과 관련된다. 다음으로, /r/과 관련하여, 많은 영어 악센트는 혀를 굴리는 /r/음화(rhotic)를 하여 /r/음이 풍부하게 되거나, 혀를 굴리지 않아 /r/음이 없는 두 가지 유형이다. /r/음화된 악센트는 철자 r에 대응하여 far /fɑːr/, farm /fɑːrm/처럼 /r/을 실제 발음하는 것이다. 대부분의 잉글랜드 남부 및 서부 지역에서는 /r/음화된 악센트를 갖고 있는 반면, 대부분의 남부 및 동부 지역에서는 혀를 굴리지 않는다.

2. 웨일즈 영어와 문화

웨일즈(Wales) 인구의 약 80%는 영어를 모국어로 사용하고, 이들 중 대다수는 웨일즈어(Welsh) 구사 능력을 갖고 있다(Trudgill & Hannah 2002: 30). 나머지 20%는 웨일즈어 모국어 화자로 영어도 구사할 수 있는 이중 언어 화자들이다. '웨일즈 영어(Welsh English, WEng)'는, 교육을 받은 웨일즈 사람들의 말과 글을 잉글랜드 사람들의 구어 및 문어와 비교할 때, 음성·음운론적인 측면을 제외하고는 상당한 차이를 나타내지 않는다. 물론 웨일즈어의 영향으로 웨일즈어다운 특유의 어휘와 문법적 구조가 있지만, 이 절에서는 웨일즈 영어의 특징을 음 체계 및 발음, 문법, 어휘를 중심으로 Trudgill & Hannah(2002: 30-34)에 주로 기초하여 논의한다.

2.1. 웨일즈 영어의 음 체계 및 발음

웨일즈 영어의 음 체계 및 발음에서 관찰되는 특징을 Trudgill & Hannah (2002: 31-32)는 다음과 같이 설명한다. 웨일즈 영어의 모음 체계에는 다소의 지역적 변이가 있다.웨일즈 영어 모음과 RP 모음 간에 관찰되는 주요한 음운론적인 차이는 다음과 같다. 첫째, 대부분의 웨일즈어 화자들은 last, dance에서 /ɑ:/보다 /æ/를 갖는 경향이 있다. 둘째, 강세를 받지 않는 철자 a는 /ə/보다 /æ/가 되고(예: sofa [so:fa]), 비강세 철자 o는

/ə/보다 /ɒ/가 되는 경향이 있다(예: condemn [kɒndɛm]). 마지막으로, /ɪə/와 /ʊə/는 웨일즈 영어의 많은 변이형에서 발생하지 않는다. 따라서 fear는 /fi:jə/, poor는 /pu:wə/, fire는 /faijə/가 된다.

웨일즈 영어의 자음 발음에서 관찰되는 특징은 다음과 같다. 첫째, 교육을 받은 웨일즈 사람들의 영어에는 /r/음화가 나타나지 않는데, 웨일즈 동부와 최남서부 지역에서는 다소 예외가 있다. 삽입적 /r/이나 연결적 /r/이 나타나고, /r/은 종종 설탄음 [ɾ]이 된다. 둘째, /l/은 모든 위치에서 맑은 [l]이 된다. 마지막으로, 모음 사이에 위치한 자음들은 butter [bət^h:ə], money [mən:i]처럼 비강세 음절 앞에서 길어지는 경향이 매우 강하다.

2.2. 웨일즈 영어의 문법

웨일즈의 교육을 받은 화자들의 말에서는 관찰되는 웨일즈 영어 문법상의 특징은 다음과 같다(Trudgill & Hannah 2002: 33). 첫째, 부가 의문문 isn't it?이 주절의 인칭, 시제, 조동사와 상관없이 You're going now, isn't it?처럼 사용된다. 둘째, will이 will be대신 사용된다. 예를 들면, 웨일즈 영어 화자들은 Is he ready?란 질문에 No, but he will in a minute이라 답한다. 셋째, 강조하기 위해 목적어의 위치 이동이 Coming home tomorrow he is.처럼 이뤄진다. 넷째, 부정적 의미로 too가 사용된다. 예를 들면, 웨일즈 영어 화자들은 I can't do that, too라 표현하는 반면, 잉글랜드 지역 화자들은 I can't do that, either이라 표현한다. 마지막으로, 강조하기 위해 It was high, high처럼 형용사와 부사를 중복적으로 사용한다.

2.3. 웨일즈 영어의 어휘

웨일즈 영어 어휘의 특징은 다음과 같다(Trudgill & Hannah 2002: 33-34). 우선 표준 웨일즈 영어에는 *del* 'a term of endearment'처럼 매우 적은 수의 웨일즈어 '차용어(loan word)'가 사용된다. 그리고 *delight* 'interest', *rise* 'get, buy', *tidy* 'good, nicei'처럼 웨일즈 일부 지역에서는 영어와 다른 용법으로 사용되고 있는 웨일즈 영어의 어휘가 있다. 대부분의 어휘상 차이는 비표준이거나 일상적 대화체에서 관찰되고 있다.

3. 스코틀랜드 영어와 문화

영어는 스코틀랜드(Scotland)의 남동부 지역에서 오랜 기간 사용되었고, 중세부터는 스코틀랜드 남서부 지역에서도 사용되었다. Trudgill & Hannah(2002: 91)에 따르면, 스코틀랜드어의 남부 지역 변이형에 기초한, 표준화된 형태가 16세기 종교 개혁까지 스코틀랜드의 법정과 문학에서 사용되었다. 하지만 그 이후 스콧은 교육을 받은 사람들 사이에서 표준 영어로 대체되었다. 이 절에서는 교육을 받은 도시에 거주하는 중류층 스코틀랜드인들이 사용하는 '스코틀랜드 영어(Scottish English, ScotEng)'의 특징을 음 체계 및 발음, 문법, 어휘를 중심으로 Trudgill & Hannah(2002: 91-98)에 주로 기초하여 고찰한다.

3.1. 스코틀랜드 영어의 음 체계 및 발음

스코틀랜드 영어의 발음은 대부분의 다른 영어 변이형들과 매우 다르고, 잉글랜드 영어와 북미 영어를 배운 학생들에게는 이해하기가 어렵다. 스코틀랜드 영어의 음 체계 및 발음상 특징을 Trudgill & Hannah (2002: 92-93)는 다음과 같이 설명한다. 첫째, 스코틀랜드 영어는 혀를 굴리는 /r/음화 특징을 갖고 있다. 둘째, /æ/와 /ɑ:/에 대한 RP에서의 구별이 대부분의 스코틀랜드 영어에서는 존재하지 않는다. 예를 들면 bad, bard, calm의 모음을 /a/로 표기하고, Pam과 palm는 '동음 이의어

(homonym)'로 /pam/이 된다. 마지막으로, 어두에 오는 /p/, /t/, /k/는 종종 '비기음화(unaspirated)', 곧 /h/음이 없는 된소리가 된다.

3.2. 스코틀랜드 영어의 문법

스코틀랜드 영어의 문법적 특징을 Trudgill & Hannah(2002: 94-95)는 다음과 같이 설명한다. 첫째, 대부분의 스코틀랜드 영어에서 주동사 have는 Have you coffee with breakfast? Yes, I have.처럼 역동적 의미를 가질 때에도 do-지원(support)을 필요로 하지 않다. 둘째, 일부 상태동사(특히 want, need)들은 I'm needing a cup of tea처럼 진행형으로 사용될 수 있다. 마지막으로, yet가 Did you buy one yet? 'Have you bought one yet?'처럼 동사의 비완료형과 함께 사용될 수 있다.

3.3. 스코틀랜드 영어의 어휘

스코틀랜드어와 비표준 스코틀랜드 방언의 어휘는 표준 영어의 어휘와 상당히 다르기 때문에, 스코틀랜드어로 된 문학 작품을 읽기 위해서는 사전이나 어휘집이 필요할 정도이다. 스코틀랜드 영어는 그 어휘에서 잉글랜드 영어와는 변이형과는 약간 다르다. 예를 들면, *aye* 'yes', *dram* 'drink', *folk* 'people', *haar* 'sea mist', *loch* 'lake', *to mind* 'to remember', *outwith* 'outside', *to stay* 'to live, reside', *wee* 'small'이다 (Trudill & Hannah 2002: 96).

그리고 스코틀랜드에는 아래와 같이 스코틀랜드식의 일련의 구와 숙어가 사용된다.

(1) ScotEng / EngEng

ScotEng	EngEng
How are you keeping?	How are you?
I doubt he's not coming.	I expect he's not coming.
Away to your bed.	Go to bed.
That's me away.	I'm going away.
I gave her a row.	I scolded her.
He gave me a fright.	He frightened me.
To go the messages.	To go shopping.

(Trudgill & Hannah 2002: 98)

Aitken(1984)에 따르면, 스코틀랜드에는 전 지역에서 사용되는 어휘와 표현들이 있는 것과 동시에, 특정 지역에서만 사용되는 어휘와 용례들이 있다.

4. 아일랜드 영어와 문화

17세기까지 아일랜드의 전 지역에서 '아일랜드어(Irish)'는 사용되었고, 영어 화자들은 일부 지역에서만 거주하였다. 오늘날 아일랜드어가 모국어인 화자의 수는 매우 적고, 남서부, 서부, 북서부 지역의 시골에 주로 한정되어 있다(Trudgill & Hannah 2002: 98). 아일랜드 북부 지역의 영어는 스코틀랜드, 특히 그 남서부 지역에 뿌리를 갖고 있다. 이 절에서는 아일랜드 영어의 특징을 북아일랜드 영어와 남아일랜드 영어로 나누어 음 체계 및 발음, 문법, 어휘를 중심으로 주로 Trudgill & Hannah(2002: 98-104)에 기초하여 논의한다.

4.1. 북아일랜드 영어의 음 체계 및 발음

교육을 받은 사람들의 말에서 나타나는 북아일랜드 영어 발음상의 특징을 Trudgill & Hannah (2002: 99)는 다음과 같이 설명한다. 첫째, 모음 /e/ (예: bay)는 [ei]로 이중 모음화될 수 있다. 둘째, /ɒ/와 /ɔ:/는 /p/, /t/, /k/ 앞에서만 대조를 보인다. 따라서 북아일랜드 영어에서는 스코틀랜드 영어와 달리 cot과 caught이 구별되지만, 스코틀랜드 영어와 유사하게 awful과 offal이 동음 이의어이다. 마지막으로, 모음 사이에 나타나는 /t/는 빈번하게 유성 설탄음 [d̪]가 된다.

4.2. 북아일랜드 영어의 문법

북아일랜드 영어에서 관찰되는 문법적 특징의 대부분은 스코틀랜드 영어와 남아일랜드 영어에서도 발견된다(Trudgill & Hannah 2002: 100). 첫째, whenever를 일회성 행사를 지시하는 데에 사용한다. 둘째, 북아일랜드 영어의 북서부 지역 변이형에서는 미국 영어에서처럼 긍정적 의미로 anymore를 He comes here a lot anymore처럼 'nowadays' 의미로 사용한다.

4.3. 북아일랜드 영어의 어휘

Trudgill & Hannah(2002: 100)에 다르면, 북아일랜드 영어 어휘에는 스코틀랜드 영어 어휘에 속하는 *aye, brae, burn, carry-out, folk, jag, janitor, pinkie, shoogle, wee*가 사용되는 것이 관찰된다. 단어 *loch*이 북아일랜드 영어에서 사용되지만 철자는 *lough*이다. 남아일랜드 영어 어휘 중에서 *bold, cog, delph*가 북아일랜드 영어에서도 사용된다. 잉글랜드 영어에는 없지만 북아일랜드 영어에서는 사용되는 어휘의 예는 *to boke* 'to vomit', *to gunder* 'to shout', *to wither* 'to hesitate'이다.

특히, 북아일랜드 영어에서 bring, take는 영국 영어에서와는 다르게 사용예를 들면, *You bring the children to school, and I'll take them home.*' You take the children to school, and I'll bring them home.'이다. 또한 북아일랜드 영어에서 특이하게 사용되는 숙어와 표현의 예는 *He gets doing it.* 'He is allowed to do it.', *I'm not at myself.* 'I'm not feeling very well.' *You're well mended.* 'You're looking better (after an illness)'이다.

4.4. 남아일랜드 영어의 음 체계 및 발음

남아일랜드 영어 발음의 특징을 Trudgill & Hannah(2002: 101-102)는 다음과 같이 설명한다. 첫째, RP의 모음 /ɜː/, /ɪə/, /ɛə/, /ʊə/가 남아일랜드 영어에서는 나타나지 않는데, 이것은 남아일랜드 영어가 /r/음화하기 때문이다. 둘째, path, dance와 같은 단어는 종종 /ɑː/보다 /æ/가 되고, hoarse, mourning 같은 단어는 /ou/보다 [ɔː]로 발음되기도 한다. 마지막으로, 남아일랜드 영어의 강세는 discípline, architécture 와 같은 특정 단어에서 영국 영어와 차이를 보인다.

4.5. 남아일랜드 영어의 문법

남아일랜드 영어와 영국 잉글랜드 영어 간에는 상당한 문법적 차이가 있다(Trudgill & Hannah 2002: 102-104). 첫째, 조동사 shall이 남아일랜드 영어에서는 비교적 드물게 사용되고, 대신 will이 일반적으로 사용된다. 둘째, 진행형 동사형이 I'm seeing it very well처럼 좀 더 빈번하게 사용된다. 셋째, 남아일랜드 영어에서는 If he saw her, he would not have done it.처럼 다른 영어 변이형에서는 과거 완료형이 사용되는 것과는 대조적으로 단순 과거 시제가 사용된다. 마지막으로, Let you stay here(='Stay here.')처럼 let이 2인칭 명령문에서 사용된다.

4.6. 남아일랜드 영어의 어휘

남아일랜드 영어 어휘는 대부분의 경우 북미 영어보다 영국 영어의 용례를 따르고, 영국 잉글랜드 영어와 다른 경우는 스코틀랜드 영어와 유사하다(Trudgill & Hannah 2002: 104). 다른 영어 변이형에는 없는 어휘가 남아일랜드 영어에서 관찰되는 것은 아일랜드어로부터 차용되었기 때문이다. 남아일랜드 영어에서 관찰되는 특이한 용법의 예는 (3)이다(Trudgill & Hannah 2002: 104).

(3) SIrEng	EngEng
bold	'naughty'
to cog	'to cheat'
delph	'crockery'
evening	'afternoon and evening'
yoke	'gadget, thing'

남아일랜드 영어에서 특이한 의미로 사용되는 방향을 나타내는 어휘는 아래 (4)와 같다(Trudgill & Hannah 2002: 104).

(4) *back*	'westwards, in the West'
below	'northwards, in the North'
over	'eastwards, in the East'
up above	'southwards, in the South'

본 2장에서는 영국 제도, 곧 잉글랜드, 웨일즈, 스코틀랜드, 아일랜드 지역에서 사용되는 영어의 특징을 음 체계 및 발음, 문법, 어휘를 중심으로 주로 Trudgill & Hannah(2002)에 기초하여 소개하였다. 영어를 영국식 영어와 미국식 영어로 대별할 때, 영국식 영어에 속하는 영어가 전

세계적으로 적지 않고, 글로벌 시대에 영국과의 교류가 적지 않은 상황에서, 영국 영어의 특징과 사회문화적 특징에 대한 이해는 절실히 필요하고 바람직하다.

제 3장

미국 영어와 문화

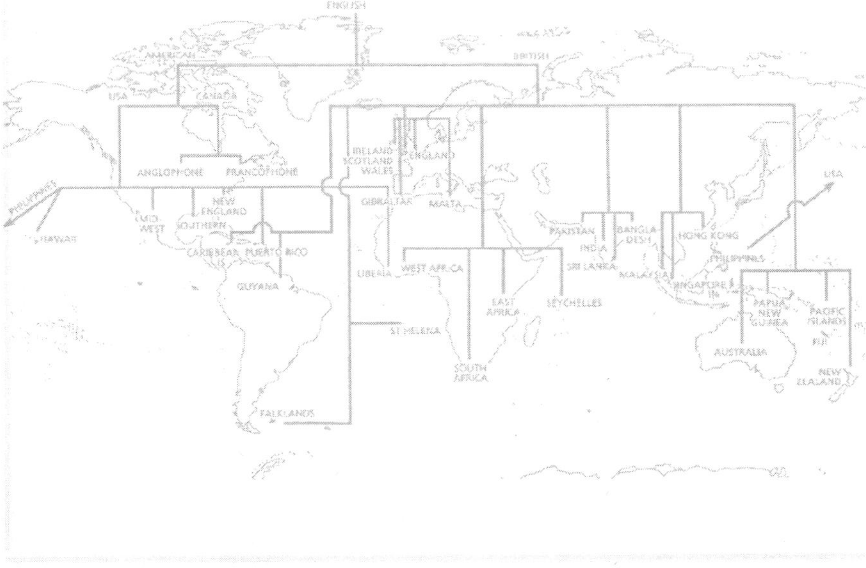
ENGLISH
AMERICAN
BRITISH
USA
CANADA
ANGLOPHONE
FRANCOPHONE
IRELAND
SCOTLAND
WALES
ENGLAND
GIBRALTAR
MALTA
NEW ENGLAND
MID-WEST
SOUTHERN
HAWAII
CARIBBEAN IS.
PUERTO RICO
GUYANA
LIBERIA
WEST AFRICA
EAST AFRICA
SEYCHELLES
ST HELENA
SOUTH AFRICA
FALKLANDS
PAKISTAN
INDIA
BANGLADESH
SRI LANKA
MALAYSIA
HONG KONG
PHILIPPINES
SINGAPORE
PAPUA NEW GUINEA
PACIFIC ISLANDS
FIJI
AUSTRALIA
NEW ZEALAND
USA

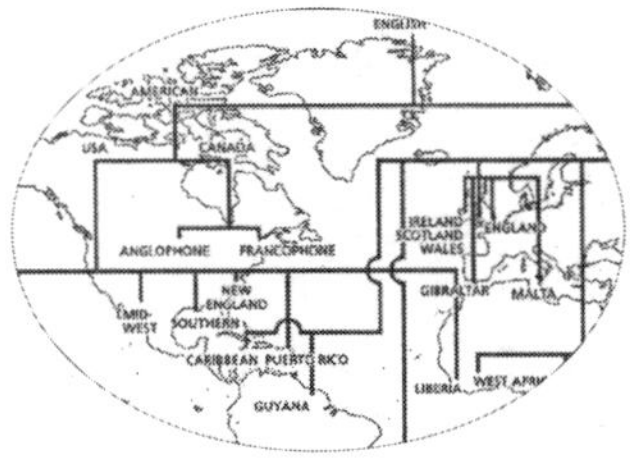

오늘날 영어를 북미 영어와 영국 영어로 대별하고 세계화 시대 제1의 국제어·세계어로 미국 영어가 사용되고 있다. Trudgill & Hannah(2002: 35)에 따르면, '북미 영어(North American English, NAmEng)'에는 호주와 뉴질랜드 등 다른 지역과 비교할 때 더 많은 지역적 변이가 존재하고, 지역성이 완전히 배제된 표준 발음으로 받아들여지는 발음은 '미국 영어(United States English, USEng)'에 존재하지 않는다는 주장도 있다.

따라서 본 장에서는 미국 영어의 특징을 구체적으로 1절에서는 미국의 사회언어학적 상황을, 2절에서는 미국 영어의 음 체계 및 발음, 문법, 어휘, 철자상의 언어적 특징을, 3절에서는 아프리카계 미국인 영어의 특징을 Trudgill & Hannah(2002)에 주로 기초하여 논의한다.[3]

3) 본 장은 송경숙(2004b), 송경숙(2007)의 3장, Trudgill & Hannah(2002)에 주로 기초함.

1. 미국의 사회언어학적 상황

글로벌 시대에 제1의 국제어`세계어로 미국 영어가 사용되고 있다. 미국 내에서 전국적 네크워크를 갖고 있는 라디오와 TV의 영향으로 수용적 언어 생활에서는 표준 영어에 많이 노출되어 지역적 방언이 사라지고 있다는 주장도 있다. 하지만 미국 내에서의 일상적 의사소통에서는 지역, 사회·경제적 계층, 성별 등의 요인에 따른 차이가 존재한다.

미국에서도 지역에 따른 영어 발음상의 차이는 존재한다. 미국 영어는 악센트에 따라 일반적으로 북동부, 제너럴 아메리칸, 남부의 세 지역으로 대별된다. Trudgill & Hannah(2002: 41)는 미국과 캐나다의 교육을 받은 북미 영어 화자들의 언어에서 관찰되는 변이와 다양성을 아래 <지도 1>에서 보여주고 있다.

〈지도 1〉 북미 영어의 지역적 변이

Key	GENERAL AMERICAN:	NORTHEASTERN:
	Western	Eastern New England
	Northern	New York City
	Midland	
	Central Eastern	CANADIAN:
		General Canadian
	SOUTHERN	Maritime
	Inland Southern	NEWFOUNDLAND
	Lower Southern	

1.1. 북동부

'북동부(Northeastern)' 지역은 뉴잉글랜드 동부와 뉴욕시의 두 지역으로 세분화되는데 지역적 특징은 다음과 같다(Trudgill & Hannan 2002: 46-47). '뉴잉글랜드 동부(Eastern New England)' 지역은 다른 지역과 구별되는 매우 특이한 악센트를 갖고 있다. 이 지역은 보스턴시, Maine주, New Hampshire주, Rhode Island주, Vermont주 동부, Connecticut주 동부, Massachusetts주의 동부와 중부 지역을 포함되는데, 미국의 어느 지역보다 영국 악센트와 유사하고, 호주 및 뉴질랜드 영어와 음성학적으로 유사점을 많이 나타낸다. 뉴욕시(New York)는 그 고유의 특이한 악센트를 갖고 있는데, 인접한 뉴욕주, Connecticut주, New Jersey주에서도 나타난다. 이런 특이한 악센트는 보스턴처럼 뉴욕시가 초기 정착기에 영국과 긴밀한 접촉을 유지하는 항구의 역할을 수행한 것에 기인한다.

1.2. 제너럴 아메리칸

'제너럴 아메리칸(General American)'은 미국의 북동부와 남부의 지역적 특색이 나타나지 않는 매우 광활한 지역으로 중·동부, 서부, 중부,

북부의 네 지역으로 구분하여 지역적 특징을 다음과 같이 설명한다. 첫째, '중·동부(Central Eastern)' 지역은 뉴욕주, 뉴욕시로부터 떨어진 New Jersey주의 대부분 지역, Pennsylvania주 동부, Delaware주, Maryland주, Washington D.C가 구분되고 그 지역적 특징은 다음과 같다. 둘째, '서부(Western)' 지역에 속하는 주는 Washington, Oregon, California, Nevada, Idaho, Utah, Arizona, Montana, Wyoming. Colorado, Arizona, North Dakota, South Dakota이다. 서부 지역은 매우 광활하므로 이 지역 악센트는 획일적으로 동일하지 않다.

셋째, '중부(Midland)' 지역은 Nebraska주, Kansas주, Iowa주 서부, Illinois주 남부, Indiana주 남부, Ohio주 남부, Pennsylvania주 남서부, Missouri주의 대부분 지역을 포함되는데, 이 지역의 음 체계는 서부 지역의 음 체계와 동일하다. 마지막으로 '북부(Northern)' 지역은 Minneapolis, Chicago, Detroit, Cleveland, Buffalo 같은 대도시와 Minnesota주, Wisconsin주, Illinois주 북부, Indiana주 북부, Ohio주 북부, Pennsylvania주 북부, Vermont주 서부, 뉴욕주 북부를 포함한다. 이 지역 악센트는 일반적으로 서부 지역 악센트와 동일하지만, 주된 차이는 이 지역에서는 북부 도시 연쇄 전환의 변화를 겪고 있다.

1.3. 남부

'남부(The South)'는 미국의 남동부(south-eastern) 지역으로, 하남부와 남부 내륙으로 구분된다. 우선, 하남부(Lower South) 지역은 North Carolina주 동부, South Carolina주 동부, Florida주 북부, Alabama주 남부, Mississippi주, Louisiana주, Texas주 남동부이다. 하남부 지역 내에

서도 상당한 지역적 변이가 나타나지만 하남부 악센트의 주된 특징은 /r/음화하지 않는다는 것이다. 다음으로, '남부 내륙(Inland South)' 지역은 West Virginia주, Kentucky주, Tennessee주, Virginia주 서부, North Carolina주 서부, South Carolina주 서부, Georgia주 북부, Alabama주 북부, Arkansas주, Missouri주 남서부, Oklahoma주, Texas주의 대부분 지역을 포함한다. 남부 내륙 지역 악센트는 하남부 지역 악센트의 특징 대부분을 공유하지만 전형적으로 /r/음화한다. 이것은 아마도 동부 연안의 항구로부터 떨어진 지리적 요인으로 영국의 영향에 덜 민감하기 때문이다.

2. 미국 영어의 특징

미국 영어의 특징을 이 절에서는 음 체계 및 발음, 문법, 어휘, 철자법을 중심으로 Trudgill & Hannah(2002)에 주로 기초하여 고찰한다.

2.1. 미국 영어의 음 체계 및 발음

미국 동부 지역의 교육을 받은 백인 중류층 화자들의 영어에서 관찰되는 음 체계 및 발음 상의 특징은 다음과 같다(Trudgill & Hannah 2002: 7-15, 34-40). 우선, 미국 영어의 모음은 RP의 모음과 구별되는 특징을 갖고 있는데, 아래 <표 1>과 같다.

〈표 1〉 미국 영어의 모음

/ɪ/	bid, mirror, wanted
/ɛ/	bed, merry
/æ/	bad, path, dance, half, banana
/ɑ/	pot, bard, father, calm, horrid
/ʌ/	putt, hurry
/ʊ/	put
/i/	bee, very, peer

/ei/	bay, pair, Mary
/ai/	buy, fire, night, ride
/ɔi/	boy
/u/	boot, tour
/ou/	boat
/ɑu/	bout, loud, tower
/ɔ/	paw, port, talk, boring, long, pore
/ə/	about, sofa, bird, furry, butter

(Trudgill & Hannah 2002: 36)

북미 영어 모음의 특징은 다음과 같다(Trudgill & Hannah 2002: 36-38). 첫째, 다른 영어 변이형과 마찬가지로 very에서 /ɪ/대신 /i/를 갖는다. 둘째, RP의 3개 모음 /ɒ/, /æ/, /ɑ:/은 북미 영어의 2개 모음 /ɑ/와 /æ/에 대응한다. 셋째, RP에서의 /ɒ/-/ɑ:/ (예: bomb-balm) 간의 구별이 없다. 따라서 북미 영어에는 pot, top에서 /ɑ/가 나타날 뿐만 아니라, RP에서 /ɑ:/를 갖는 father, clam, rather 같은 단어에서도 /ɑ/를 갖는다. 넷째, /r/음화되는 북미 영어에서 bard은 /r/을 갖는다. 마지막으로, path, laugh, grass 같은 단어가 RP에서는 /Θ/, /f/, /s/ 앞에서 /ɑ:/를 갖지만 북미 영어에서는 /æ/를 갖는다.

북미 영어 자음의 특징은 다음과 같다(Trudgill & Hannah 2002: 39-40). 첫째, 모음 사이에 오는 /t/ (예: better)는 일반적으로 유성 설탄음 [d̬]가 된다. 둘째, /r/음화하기 때문에 bird, card, car와 같은 단어에서 /r/음을 유지한다. 마지막으로, 많은 미국 영어 화자들은 호주 영어 화자들처럼 /lj/를 /j/로 축소하는 경향이 강한데, million /mɪjən/이 그 예이다.

북미 영어와 영국 영어 간의 발음 상의 비체계적인 차이는 다음과 같다. 첫째, 미국 영어와 영국 영어 간에 예측할 수 없는 발음상의 차이를 보이는 예는 (1)이다(Trudgill & Hannah 2002: 50).

(1)

	USEng	EngEng
charade	/ʃəreɪd/	/ʃərɑ:d/
cordial	/kɔrʤəl/	/kɔ:di:əl/
deterrent	/dɪtərənt/	/dɪtɛrənt/
herb	/ərb/	/hɜ:b/
leisure	/liʒər/	/lɛʒə/ (also US)
schedule	/skɛʤəl/	/ʃɛʤu:l/
tomato	/təmeitou/	/təmɑ:tou/

둘째, 북미 영어의 aluminum /əlúmənəm/은 발음과 철자에서 영국 영어 aluminium /ǽlu:mínjəm/과 구별된다. 셋째, either, neither이 영국 영어와 미국 영어에서 /i:/, /i/, /ai/를 갖지만, 미국의 교육을 받은 화자들 간에는 /iðər/가, 영국의 교육을 받은 화자들 간에는 /aiðə/가 좀 더 흔하다.

북미 영어와 영국 영어 간에는 강세에서 다음과 같은 차이가 관찰된다. 첫째, 북미 영어는 (2)처럼 외국어 특히 불어에서 유래한 일부 단어에 대해 마지막 음절에 강세를 두는 경향이 있다(Trudgill & Hannah 2002: 51).

(2)

	NAmEng	EngEng
attaché	/ætæʃéi/	/ətǽʃei/
ballet	/bæléi/	/bǽlei/

둘째, 북미 영어는 (3)과 같은 일부 단어에서 첫 음절에 강세를 두지만, 영국 영어는 다른 음절에 강세를 둔다(Trudgill & Hannah 2002: 51).

(3)	NAmEng	EngEng
address	/ǽdres/ ~ /ədrɛ́s/	/ədrɛ́s/
adult	/ǽdʌlt/ ~ /ǽdəlt/	/ədʌ́lt/ ~ /ǽdʌlt/
magazine	/mǽgəzin/ ~ /mægəzín/	/mægəzí:n/

셋째, 복합 명사에 대해 북미 영어는 첫 요소에 강세를 두는 반면, 영국 영어는 둘째 요소에 강세를 둔다. 예를 들면, weekend, hotdog, New Year, ice cream 등이다.

2.2. 미국 영어의 문법

북미 영어와 영국 영어 간의 문법적 차이가 교육 수준이 높은 화자들의 말과 글에서는 상대적으로 적다. 하지만 일반적으로 동사, 조동사, 명사구에서 관찰되는 차이는 다음과 같다(Trudgill & Hannah 2002: 55-79). 우선 북미 영어와 영국 영어 간의 동사를 중심으로 한 문법상의 차이는 다음과 같다. 첫째, 굴절(inflection)과 관련하여, 영국 영어에서는 불규칙형이지만 북미 영어에서는 규칙화되는 경우가 있다. 예를 들면, (4)처럼 미국 영어에서 과거 시제와 과거 분사형을 나타내는 형태소를 -(e)d로 하는 경우이다(Trudgill & Hannah 2002: 56).

(4)

Present	EngEng Past & Past Participle	USEng Past & Past Participle
burn	burnt	burned
learn	learnt	learned
smell	smelt	smelled
spell	spelt	spelled

둘째, 북미 영어의 과거와 과거 분사형이 영국 영어보다 더 불규칙한 경우는 (5)이다(Trudgill & Hannah 2002: 56-57).

(5)

Present	EngEng Past & Past Participle	NAmEng Past & Past Participle	
dive	dived	dove	dived
fit	fitted	fit	fitted
get	got	got	gotten

셋째, 북미 영어와 영국 영어 간의 '파생(derivation)'을 중심으로 한 차이는 다음과 같다. 동일한 파생적 접미사가 미국과 영국에서 사용될 지라도, 미국 영어에서 새로운 단어가 (6a)에서처럼 더 많이 생성된다. (Trudgill & Hannah 2002: 57).

(6) a. -ify: citify, humidify, uglify

-ize: burglarize, decimalize, hospitalize, rubberize, slenderize

b. an author to author

a host	to host (e.g. We hosted a reunion last week.)
a sky-rocket	to sky-rocket (e.g. Prices are sky-rocking this year.)
pressure	to pressure (EngEng: to pressurize)
a room	to room (e.g. I room at that house.)

마지막으로, 다른 신조어 방법은 단어의 문법적 분류를 변화하는 것으로, (6b)처럼 명사를 동사로 사용하는 것인데, 이 방법 또한 영국 영어보다 미국 영어에서 더 흔하다(Trudgill & Hannah 2002: 58).

미국 영어에서 관찰되는 조동사의 특징을 영국 영어와 비교하면 다음과 같다. 첫째, 미국 영어와 영국 영어에서 '서법 조동사(modal auxiliary)'는 다른 의미와 빈도로 사용되는 경우가 있다. 예를 들면, (7)처럼 shall은 미국에서 법률 서류나 강한 격식체의 스타일 외에는 좀처럼 사용되지 않고 will로 대체된다(Trudgill & Hannah 2002: 58).

(7) EngEng	USEng & EngEng
I shall tell you later.	I will tell you later.
Shall I drink this now?	Should I drink this now?
I shan't be able to come.	I won't be able to come.

둘째, should는 영국 영어에서 의무나 임시를 표현하는 것뿐만 아니라, 1인칭 주어에 조건절이 후행할 때 주절에서 가정적 의미를 나타낼 수 있다. 이런 경우가 영국에서는 I should enjoy living here if I could afford to do so처럼 특히 노년층이나 작가들에 한정된다. 하지만 영국의 젊은층이나 미국에서는 would가 사용되어 I would enjoy living here if I could afford to do so처럼 표현된다(Trudgill & Hannah 2002: 58).

미국 영어와 영국 영어 간에 명사구와 관련하여 관찰되는 차이는 비체계적인 것으로 그 정도가 심하지는 않지만, 다음과 같다. 첫째, (8)처럼 명사로 변화시킬 때 사용하는 접미사가 미국 영어에서 더 다양하다(Trudgill & Hannah 2002: 69).

(8)	-cian:	mortician ('undertaker'), beautician ('hairdresser')
	-ee:	retiree, draftee, interviewee
	-ery:	eatery, bootery, winery, hatchery
	-ster:	teamster, gamester

둘째, 일부 단어에서 파생 어미(derivation ending)가 (9)처럼 영국 영어와 미국 영어 간에 서로 다르다(Trudgill & Hannah 2002: 69)

(9)	EngEng	USEng
	candidature	candidacy
	centenary	centennial
	racialist, racialism	racist, racism
	stationers	stationery shop
	transport	transportation

셋째, 명사가 동사로 사용된 경우처럼, 동사가 명사로 사용될 수 있다. 이런 경향은 영국 영어보다 미국 영어에서 좀 더 잘 나타난다. 특히 (10)처럼 동사와 전치사가 결합되는 경우이다(Trudgill & Hannah 2002: 70).

(10) Verb	Noun
to cook out (-side)	a cook-out ('an outdoor barbeque')
to know how (to do something)	the know how
to be shut in	a shut-in ('an invalid')
to stop over (somewhere)	a stop over

넷째, 집합 명사에 대한 동사와 대명사 일치에서도 미국 영어와 영국 영어 간에 차이가 있다(Trudgill & Hannah 2002: 70). 예를 들면, Your team are doing well this year, aren't they?처럼 영국에서는 종종 복수형 동사 일치와 복수형 대명사 대치가 이루어지는 반면, 미국에서는 Your team is doing well this year, isn't it?처럼 단수형 동사 일치와 단수형 대명사가 주로 사용된다.

마지막으로, 한정 어구의 위치와 관련하여 영국 영어에서는 Margaret Thatcher, the British Prime Minister처럼 특히 신문 같은 문자 언어에서는 인명 다음에 인물에 대한 묘사가 위치하지만, 미국 영어에서는 한정 어구가 정관사 없이 인명 앞에 위치하는 것이 일반적이다(Trudgill & Hannah 2002: 73). 또한 강 이름을 표기할 때 영국에서는 the River Thames, the River Avon처럼 river를 강 이름 앞에 배치시키지만, 북미에서는 the Mississippi River, the Hudson River처럼 강 이름 다음에 붙이는 것이 일반적이다(Trudgill & Hannah 2002: 73).

2.2. 미국 영어의 어휘

미국 영어와 영국 영어 간에 가장 뚜렷한 차이는 어휘에서 나타난다

(Trudgill & Hannah 2002, Strevens 1972). 첫째, 동일한 단어가 미국과 영국에서 서로 다른 의미를 나타낸다(Trudgill & Hannah 2002: 86).

(11) Word	EngEng meaning	USEng meaning
homely	'down to earth, domestic'	'ugly (of people)'
pants	'underpants'	'trousers'
pavement	'footpath, sidewalk'	'road surface'
to tick off	'to scold'	'to make angry'

둘째, 동일한 단어에 대해 미국 영어에서 추가적 의미를 나타낸다(Trudgill & Hannah 2002: 86).

(12) Word	Meaning in common	Additional meaning in USEng
bathroom	'room with bath or shower and sink'	'room with toilet only'
cute	'endearing' (e.g. of kittens) (e.g. of adult people)	'attrative, charming'
dumb	'mute'	'stupid'
good	'fine, nice'	'valid' (as of tickets, special offers)

셋째, 동일한 개념이나 사물을 미국과 영국에서 다른 어휘로 표현하는 예는 다양하다(Trudgill & Hannah 2002: 87).

(13) USEng only	Corresponds to EngEng
emcee	compere
faucet	tap

rookie	first year member (e.g. on a team)
sophomore	second year student
washcloth	face flannel

또한 미국과 영국 양국에서 알려져 있지만 선호와 사용 빈도에서 차이를 나타내는 어휘의 예는 아래 (14)이다(Trudgill & Hannah 2002: 88).

(14)

USEng	EngEng
to call (by telephone)	to ring
can	tin
to check ('to make a check mark')	to tick
couch, davenport	sofa
game (sports)	match
gas	petrol
to make a reservation	to book

마지막으로, 동일한 사물이나 개념이 미국 영어와 영국 영어에서 다른 용어로 지시되는 경우를 분류별로 살펴보면 (15)처럼 음식 및 요리, 의류, 가정용품, 상업, 교통 등이다(Trudgill & Hannah 2002: 88-89).

(15) a. Food & cooking:

USEng	EngEng
cookie (plain)	biscuit (sweet)
biscuit	scone
dessert	pudding
pudding	custard
custard	egg custard
crepe	pancake
pitcher	jug

b. Clothing & accessories:	USEng	EngEng
	sweater(pullover)	jumper
	jumper	dress worn over blouse
	undershirt	vest
	vest	waistcoat
	pantyhose	tights
	tuxedo	dinner jacket
	purse	handbag
	diaper	nappy

c. Household:	USEng	EngEng
	living room	sitting room
	yard	garden
	buffet	sideboard
	garbage can	dustbin

d. Commerce:	USEng	EngEng
	hardware store	ironmongers
	liquor store	off-licence store
	trade (noun)	custom

e. Transportation:	USEng	EngEng
	station wagon	estate car
	trailer/camper/	caravan
	truck	lorry
	pedestrain underpass	subway
	subway	underground railway

2.4. 미국 영어의 철자법

미국 영어와 영국 영어 간에 관찰되는 철자상의 차이를 Trudgill & Hannah(2002: 80-83), Strevens(1972: 64-66)는 다음과 같이 설명한다. 철자상의 차이는 어느 정도 규칙적인데, 이런 차이는 미국인들의 개선이나 지나친 규칙화 경향에서 이유를 찾을 수 있다.

첫째, 영국 영어에서의 철자 2~3개가 미국 영어에서 철자 1~2개로 되는 경우가 가장 흔한 예이다. 예를 들어, 영국 영어의 our (예: colour, favour, honour, labour, odour, vapour)이 미국 영어에서 or (예: color, favor, honor, labor, odor, vapor)로, -ou- (예: mould, moult, smoulder)가 -o- (예: mold, molt, smolder)로, -ae/oe- (예: anaesthetic, encyclopaedia, mediaeval, amoeba)가 e- (예: anesthetic, encyclopedia, medieval, ameba)로, -dgement (예: abridgement, acknowledgement, judgement)가 -dgment (abridgment, acknowledgment, judgment)로 되는 경우이다(Trudgill & Hannah 2002: 80-83).

둘째, 미국 영어와 영국 영어 간에 철자의 교환이 이루어지는 경우가 있다. 예를 들어, 영국 영어에서 -re (예: centre, fibre, litre, metre, theatre)가 미국 영어에서 -er (예: center, fiber, liter, meter, theater)로, en- (예: encase, enclose, endorse)이 in- (예: incase, inclose, indorse)으로, -ce (예: defence, licence (n.), offence)가 -se (예: defense, license (n. & v.), offense)로, -ise (예: apologise, capitalise, dramatise)가 -ize (예: apologize, capitalize, dramatize)로, -xion (예: connexion, deflexion, inflexion)이 -ction (예: connection, deflection, inflection)이 되는 경우이다(Trudill & Hannah 2002: 81).

셋째, 영국 영어에서는 counsellor, kidnapper처럼 동일한 두 개의 자음이 미국 영어에서는 counselor, kidnaper처럼 하나의 자음으로, -gg- (예: waggon)가 g- (예: wagon)로 되는 경우이다(Trudgill & Hannah 2002: 81).

넷째, 미국 영어에서는 ashtray, bookkeeper, cooperate, neoclassical처럼 합성되거나 분리된 단어가 영국 영어에서는 하이픈(hyphen -)으로 연결되는 경우가 있다 (Trudgill & Hannah 2002: 82-83).

마지막으로, 영국 영어에서는 café, élite, entrée, fête, fiancée, matinée처럼 불어식 '구별 부호(diacritics)'가 사용되지만, 미국 영어에서는 사용되지 않는 경우가 있다 (Trudgill & Hannah 2002: 83).

3. 아프리카계 미국인 영어의 특징

미국에서 대표적인 비표준 영어 변이형으로는, '흑인 영어(Black English)'로 널리 알려진 '아프리카계 미국인 영어(African-American English, AAE)'와, 멕시코 이민자 후손들인 '히스패닉(Hispanics)'으로 알려진 멕시코계 미국인들이 사용하는 '치카노 영어(Chicano English)'이다. '인종적 변이(ethnic variation)'의 관점에서 볼 때 아프리카계 미국인 영어는 사회언어학적으로 중요한 연구 대상이 되어 왔다.

모든 흑인 영어 화자들이 아프리카계 미국인 영어를 사용하는 것은 아니다. Tottie(2002: 226)에 의하면, 흑인 대다수가 아프리카계 미국인 영어를 사용할 수 있을지라도, 모든 흑인 화자들이 동일한 수준으로 구사하거나 아프리카계 미국인 영어의 모든 특징적 자질을 사용하는 것은 아니다. 사회·경제적 계층에 따라 아프리카계 미국인 영어에도 변이가 나타난다.

아프리카계 미국인 영어는 '비표준 흑인 영어(Non-Standard Negro English)', '흑인 방언 영어(Black Vernacular English)', '이보닉스(Ebonics)' 등의 다양한 이름으로 불려졌다(Tottie 2002, Mufwene 2001, Fasold 1987 등). 아프리카계 미국인 영어의 발음, 문법, 어휘를 중심으로 한 특징은 Tottie(2002)에 의하면 다음과 같다.

3.1. 아프리카계 미국인 영어의 발음

발음과 관련하여, 아프리카계 미국인 영어의 인토네이션은 다른 영어 변이형과 비교할 때 매우 특징적이다. 첫째, 비음 앞에 오는 단모음 [e]는 종종 [ɪ]로 융합된다. 예를 들면, pen과 pin이 동일하게 발음되는데, 이것은 '남부 백인 영어(Southern White English)'에서도 마찬가지다. 둘째, 남부 백인 영어에서처럼 아프리카계 미국인 영어에서 이중 모음 [aɪ]는 단모음으로 자주 축소된다. 예를 들면, side, time, I가 [sad], [tam], [a]로 발음되는 경향이 그것이다. 셋째, /r/이 발음되지 않는 비/r/음화가 특징이다. 넷째, test, desk, hand, child 같은 어말 자음군의 축소가 일반적이다. 다섯째, 어말에 오는 -ing의 비음 [ŋ]은 종종 [n]으로 발음된다(Tottie 2002: 221). 따라서 singin', dancin'처럼 표기된다.

3.2. 아프리카계 미국인 영어의 문법

Tottie(2002)는 아프리카계 미국인 영어 문법의 특징을 다음과 같이 설명한다. 첫째, 표준 영어에서는 be가 사용되어야 할 위치이지만, 아프리카계 미국인 영어에서는 아래 (16)처럼 be가 사용되지 않는다(Tottie 2002: 222).

(16) He Ø a man. 'He's a man.'
The coffee Ø cold. 'The coffee is cold (right now).'
She Ø singing. 'She's singing (right now).'

둘째, 백인 화자들이 이해하기에 특히 어려운 상적 형태는 강세가 주어진 been인데, 종종 BIN으로 표기된다. 예를 들면, She BIN married는 'She has been married for a long time and still is'를 의미한다.

셋째, 아프리카계 미국인 영어에서 주어-동사 일치는 표준 영어에서와는 다르다. You looks hard tuh beat. 'You look hard to beat.'처럼 2인칭 단수 주어에 3인칭 주어를 위한 동사형이 사용되고, 복수 주어에 단수 주어를 위한 동사형이 사용된다. 그리고 He walk. 'He walks.'처럼 3인칭 단수 주어를 나타내기 위한 어떠한 표지도 사용되지 않는다(Tottie 2002: 223).

마지막으로, The boy hat. 'The boy's hat'처럼 소유격과 복수를 나타내는 -s가 종종 생략되고, The teacher, she yell at them kids.처럼 주어 대명사구의 반복이 자주 관찰된다.

3.3. 어휘

아프리카계 미국인 영어는 미국 영어 어휘에 상당 부분 영향을 주었다. 예를 들면, 처음에는 흑인들의 '속어(slang)'나 '통어(jargon)'에서 사용되었지만, 현재 백인 화자들에 의해 선택적으로 사용되고 있는 어휘는 (17)와 같다(Tottie 2002: 225-226).

(17)	*bad*	'very good'
	brother	'a black man'
	cool	'excellent'
	chill out	'relax'

sister	'a black woman'
dis	'show disrespect, insult'
uptight	'tense, anxious'
mean	'excellent'

아프리카계 미국인 영어가 표준 영어에 가까워지는지, 아니면 좀더 상이하게 되는지에 대한 활발한 연구가 진행되었다. Tottie(2002: 227-228)에 따르면, 일반적인 견해는 매스미디어의 전파로 두 가지 영어형 간의 차이는 좁혀졌다는 것이다. 하지만 일부 학자들에 따르면, 아프리카계 미국인 영어 화자들 중에서 젊은층은 그들 간의 결속력을 강화하기 위해서 be동사와 소유격 's를 자주 생략하고 주어-동사 불일치로 자주 한다고 한다. 본 3장에서는 미국 영어와 문화를 미국의 사회언어학적 상황, 미국 영어의 특징, 아프리카계 미국인 영어 특징을 중심으로 탐구하였다.

제 4장

캐나다 영어와 문화

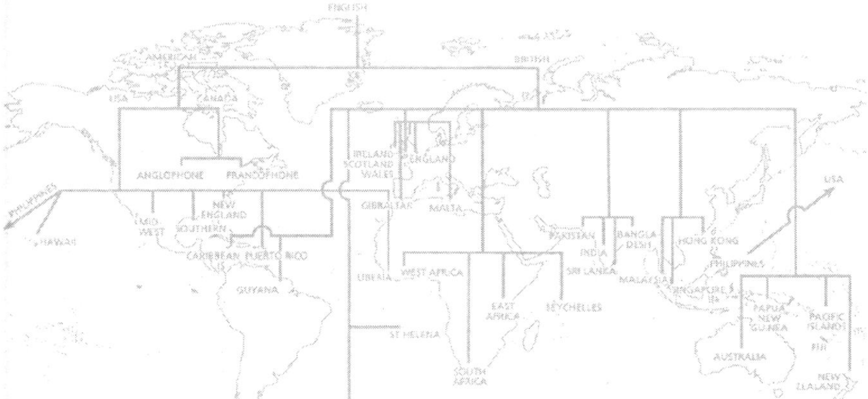

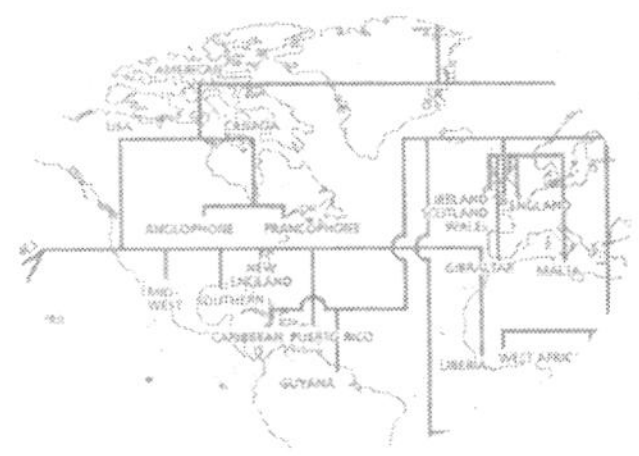

전 세계에서 러시아 다음으로 넓은 영토를 갖고 있는 국가가 캐나다이다. 약 3천만에 이르는 인구는 분포상으로 밀도가 아주 낮으며, 지형적으로는 인구의 2/3가 남쪽으로 미국 국경선에서 200킬로미터 이내에 거주하고 있다. 캐나다는 공용어·공식어로 영어와 불어를 채택하는데, 20세기의 활발한 이민으로 인해 수많은 비공식 언어가 사용되어 전 세계적으로 가장 많은 언어가 사용되는 국가에 속한다.

국제화 시대 국내·외에서 캐나다의 사회·문화적 배경의 캐나다 영어 화자들과의 교류 기회가 증대되고, 적지 않은 한국인과 영어 학습자들이 다양한 사회·경제적 이유로 캐나다로 이주, 어학 연수, 유학을 실행하고 있는 현실이다. 이 장에서는 캐나다의 사회언어학적 상황, 캐나다 영어의 특징, 캐나다 영어의 지역적 변이를 Trudgill & Hannah(2002), Chambers(2008)에 주로 기초하여 논의한다.[4]

---

4) 캐나다의 사회언어학적 상황 및 영어 특징에 대한 캐나다 토론토 대학의 Chambers교수님의 강의 및 자료제공에 감사한다. 본 장은 송경숙(2007)의 4장, Trudgill & Hannah(2002)에 주로 기초함..

1. 캐나다의 사회언어학적 상황

캐나다인들은 매우 도시화되어 있고 중산층이 압도적으로 다수를 차지한다. 전통적으로 캐나다인을 세 유형으로 분류하는데, 영어를 모국어로 하고 현재 영어를 제1 언어로 사용하는 '앵글로폰(Anglophone)', 불어를 모국어로 하고 현재 불어를 제1 언어로 사용하는 '프랑코폰(Francophone)', 앵글로폰도 프랑코폰도 아닌 화자를 '엘로폰(Allophone)'이라 부른다. 하지만 오늘날 다언어 사용 상황에서 모국어와 상관없이 영어 사용 화자를 앵글로폰, 불어 사용 화자를 프랑코폰이라 부른다.

캐나다의 사회언어학적 상황과 캐나다 영어의 특징은 캐나다 이민의 역사와 밀접하게 관련된다고 Chambers(2008: 12-13)는 설명한다. 네 번의 주요한 이민 물결은 캐나다에서 영어가 사용되는 방법에 영향을 미치는 등의 언어학적 함축을 갖는다.

첫 번째 이민 물결은 1776년에 시작하여 1793년 절정에 이른 것으로, 이후 미합중국이 된 남부의 '13개 식민지주(Thirteen Colonies)'로부터 피난민들의 이주이다. 그들은 캐나다 역사에서 '독립 전쟁 반대주의자(Loyalist)'로 불린다.

두 번째 물결은 1815년경에 시작하여 1850년경 절정에 이른 것으로, 영국, 스코틀랜드, 아일랜드로부터 이민자들의 유입이다. 1812년 전쟁 당시, 캐나다 내의 '친미국적 감상(pro-American sentiment)'에 대응하기 위해, 영국의 식민 통치자가 조직적으로 광범위하게 이들 이민자들을 모집하였다.

세 번째 물결은 1890년에 시작하여 1910년경 절정에 이른 것으로, 스코틀랜드, 아일랜드, 독일, 이탈리아, 스칸디나비아, 우크라이나 등의 다양한 유럽 국가에서 이주해 온 이민자들이다.

네 번째 물결은 1946년에 시작하여 1960년경 절정에 이른 것으로, 유럽에서의 전쟁 후 이주 정책 디아스포라(post-War diaspora)의 결과이다. 초기에는 이탈리아, 포르투갈, 네덜란드, 벨기에, 그리스, 폴란드, 핀란드, 유고슬라비아로부터 수많은 사람들이 이민을 왔고, 그 후에는 헝가리, 체코, 한국, 중국, 베트남에서 정치적 불안 등의 이유로 이민을 왔다.

이러한 네 번에 걸친 이민의 파도 중에서 초기 두 번의 이민이 캐나다 영어에 더 많은 영향을 주었다. 네 번에 걸친 이민의 물결과 최근 정치적 피난민의 파도로 인해 결과적으로 캐나다에는 언어적 다양성이 특징적으로 나타나고 있다. 캐나다의 언어적 다양성은 아래 <표 1>의 2001년 캐나다 '인구 조사(census)' 결과, 모국어를 중심으로 한 캐나다인들의 인구 분포에서 잘 나타난다.

〈표 1〉 캐나다의 모국어 화자 분포

Mother Tongue	Canada	Québec	Ontario
English	17,352,315	557,040	7,965,225
English and non-official language	219,860	15,045	114,275
Totals (English)	17,572,175	572,085	8,079,500
French	6,703,325	5,761,765	485,630
French and non-official language	38,630	26,890	8,000
Total (French)	6,741,955	5,788,655	493,630
English, French	112,575	50,060	37,135

English, French and non-official	10,085	5,355	3,200
Total (French-English bilingual)	122,660	55,415	40,335
Chinese	853,745	43,745	404,250
Italian	469,485	124,695	295,205
German	438,080	17,690	156,080
Punjabi	271,220	9,900	110,540
Spanish	245,495	70,095	118,690
Portuguese	213,815	33,355	152,115
Polish	208,375	17,155	138,940
Arabic	199,940	76,285	94,640
Tagalog (Pilipino)	174,060	9,550	88,870
Ukrainian	148,085	5,125	48,620
Dutch	128,670	3,220	69,655
Vietnamese	122,055	21,640	55,240
Greek	120,360	41,980	65,285
Cree	72,885	11,810	4,405
Inuktitut	29,010	8,620	160
Others	1,506,965	214,550	869,400
Total (non-official languages)	5,202,245	709,415	2,672,095
Total (all mother tongues)	29,639,035	7,125,570	11,285,560

(Statistics Canada 2001, Chambers(2008: 7) 재인용)

캐나다 전역에서 영어 모국어 화자가 가장 많고, 그 다음으로 불어 모국어 화자가 많다. 비공식어 중에서는 중국어 모국어 화자가 가장 많고, 그 다음으로 이탈리아어, 독일어 순이다. 이러한 분포는 온타리오주에서도 비슷한 양상으로 나타난다. 하지만 퀘벡주에서는 불어 모국어 화자가 영어 모국어 화자보다 압도적으로 많고, 비공식어에는 이탈리아어 모국어 화자가 가장 많고 그 다음으로 아랍어, 스페인어 모국어 화자 순이다. 퀘벡에서의 '불어만(French-only)'을 표방하는 정책은 영어 화자들에게 악영향을 주어 다른 주로 이주하게 하였고, 결국 불어 화자들을 격리시키게 되었다.

캐나다의 원주민 언어는 아메리카 인디언들의 크리어(Cree)와 에스키모인들의 이누크어(Inuktitut)가 대표적이다. <표 1>에서 보듯이 이누크어 화자의 수는 매우 정확하고, 인디언의 크리어 외에도 20여개 언어가 존재한다. 또한 이누트인의 수가 퀘벡주와 온타리오주 간에 큰 차이를 보이는 것은, 퀘벡주가 이누트인들이 주로 거주하는 북방 수목 한계선 위쪽의 대부분을 차지하기 때문이다.

2. 캐나다 영어의 특징

캐나다 영어 악센트를 미국 영어 악센트와 동일한 것으로 영국인들은 간주하고, 영국 영어 악센트와 동일한 것으로 미국인들은 간주한다(Crystal 2003: 37). 하지만 캐나다인들은 영국식이나 미국식으로 간주되기를 바라지 않고, 캐나다 영어는 그 고유의 특징적인 자질들을 나타내고 있다.

캐나다 영어의 대표적 특징은, 광활한 면적에 걸쳐 사용되고 있음에도 놀라운 만큼, '동질성(homogeneity)'이다. Priestley (1951: 75)는 "캐나다에서 현재 사용되는 영어의 가장 놀라운 것은 동질성이다"라고 지적하였다. 본 절에서는 캐나다 전역에 걸쳐 나타나는 캐나다 영어의 특징을 음 체계 및 발음, 문법, 어휘를 중심으로 주로(Chambers 2008: 17-23)에 기초하여 살펴본다

2.1. 캐나다 영어의 음 체계 및 발음

캐나다 영어의 음 체계 및 발음상의 특징을 Chambers(2008: 18-20)는 다음과 같이 설명한다. 첫째 낮은 후설 모음의 융합이다. 캐나다 영어는 하나의 낮은 후설 모음 음소를 갖고 있는데, 이것은 다른 영어 표준 변이형이 2개의 후설 모음 음소를 갖고 있는 것과 대조적이다. 따라서 다른 영어 변이형에서는 구별되는 cot - caught, bobble - bauble, dotter

- daughter, don - dawn, stocking - stalking 같은 단어 쌍이 캐나다에서는 동음 이의어가 된다.

그 다음은 음소적인 것보다 이음적인 것으로, 캐나다식 악센트를 나타내는 좀 더 현저한 특징이다(Chambers 2008: 19-20). 예민한 청자들은 wife, mice, right, 특히 house, couch, about과 같은 단어의 발음에 근거하여 캐나다인들을 다른 북아메리카인들로부터 구별한다. 왜냐하면 캐나다인들은 이런 단어에서 이중 모음을 한 가지 방법으로 발음하기 때문이다. 예를 들어, about the house를 aboot the hoose로 발음한다고 외지인들은 주장한다. 또한 캐나다 영어 발음에서 주목되는 것은 이중 모음 '온셋(onset)'에서의 고모음인데, 이런 과정을 '캐나다식 상승(Canadian Raising)'이라 한다(Chambers 1973).

2.2. 캐나다 영어의 문법

캐나다 영어 문법의 특징을 Chambers(2008: 21-22)는 다음과 같이 설명한다. 첫째, 캐나다 영어는 세계적으로 수용되는 표준을 일반적으로 따른다. 하지만 가장 지역적인 변이형들은 유럽과 동반구의 구세계(Old World)에서 유래를 찾을 수 있다. 예를 들어, 아일랜드의 완료형 구조 'after+현재분사'가 뉴파운드랜드, 오타와(Ottawa)의 시골, 캐나다계 아일랜드인들이 거주하는 고립된 지역에서 관찰된다.

둘째, 캐나다 표준 영어에서 'ever-감탄문'이 자주 사용된다. 감탄문에서 ever는 'habitually, at all times'를 의미하는데, 예를 들어 강조할 때 Is John ever stupid! 'John is astoundingly stupid'라 표현한다.

셋째, 캐나다 영어에서만 관찰되는 특징적인 구조는 'cep'fer 보문자

(complementizer)이다(Chambers 1987). 이 구조는 We could sit on the floor 'cep'fer the teacher would probably tell us not to.처럼 종속절을 이끄는데 'cep'fer가 사용되는 것이다. 'cep'fer 보문자는 except for의 음운적 축소형이지만 보어로 사용되고 있다.

마지막으로, 캐나다 영어에서 지역적 변이를 나타내는 가장 두드러진 문법적 특징은 긍정적 any more의 사용이다. 거의 모든 영어 변이형에서 any more는 Mary doesn't listen to rock any more.처럼 부정적 상황을 기술할 때 사용된다.

2.3. 캐나다 영어의 어휘

캐나다 영어 어휘의 특징을 Chambers(2008: 20-21)는 다음과 같이 설명한다. 첫째, 이민으로 인해 인구가 급속히 증가하기 전에도 캐나다 영어에는 특징적인 어휘가 이미 존재하였다. 원주민어 어휘에서 유래한 캐나다의 장소 이름은 Pugwash, Buctouche, Miscouche, Kejimkujik, Kakabecka, Wawa, Winnipeg, Saskatoon, Nanaimo와 같이 풍부하다. Medicine Hat, Moose Jaw, Red Deer, Kicking Horse Pass, Yellowknife, Whitehorse와 같은 장소 이름은 이국적인 특성이 약화된 것으로 원주민 이름을 번역한 것이다.

둘째, 캐나다 토착의 식물과 동물은 대부분의 경우 tabacco, potato, tamarack, skunk, raccoon, beaver, moose, caribou처럼 원래의 이름을 유지했다. 유럽에서 온 탐험가들은 캐나다의 식량과 식료품(예: *pemmican*), 무기(예: *tomahawk)*, 수상 기술(예: *kayak*), 의복(예: *anorak, mukluk, moccasin*)을 사용하는 법을 배웠다. 캐나다 이민자들이 증가할 수

록 특징적인 어휘의 수도 증가하였다.

셋째, 산업화나 기술과 관련된 어휘는 영국식과 미국식의 두 가지 단어가 사용되는 경향이 있다. 예를 들면, bonnet-hood, lift-elevator, pavement-sidewalk, lorry-truck, rates-taxes, hooter-horn, estate car-station wagon, coach-bus처럼 영국 영어와 북미 영어 간에는 어휘상 차이를 보이고 있다.

마지막으로, 캐나다에서 사용된 초기의 일부 정치적 용어가 영국에서는 불명확하거나 진부한 용어로 간주되었다. 예를 들어 reeve는 카운티의 정치적 의장을, riding은 선거구를, acclamation은 반대 없이 후보자를 선출하는 것을 각각 의미한다.

3. 캐나다 영어의 지역적 변이

캐나다 영어에서 관찰되는 변이와 다양성을 Trudgill & Hannah (2002: 48-50)는 제너럴 캐나다, 매리타임, 뉴파운드랜드의 세 지역으로 분류하여 설명한다. 캐나다와 미국의 교육을 받은 북미 영어 화자들의 발음에서 관찰되는 지역적 변이와 다양성을 <지도 1>에서 나타난다.

〈지도 1〉 북미 영어의 지역적 변이

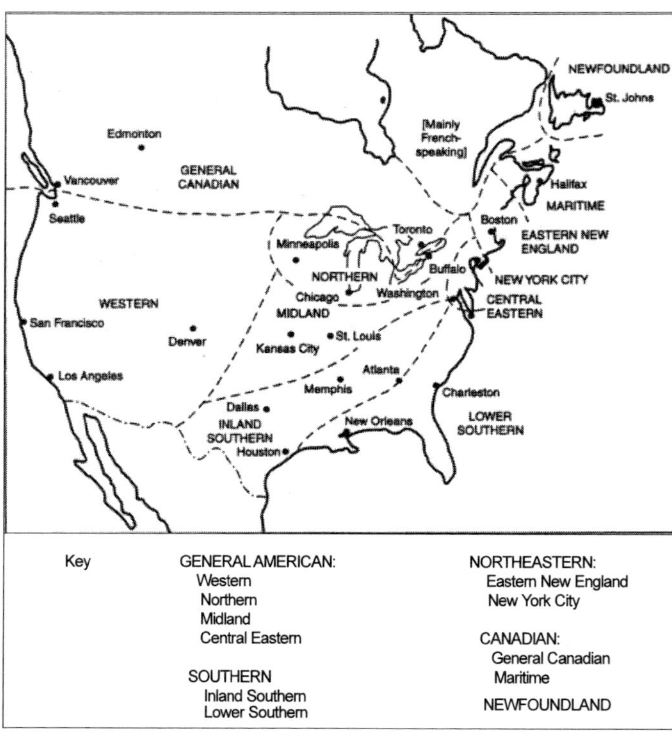

3.1. 제너럴 캐나다

'제너럴 캐나다(General Canadian)' 지역은 영어를 사용하는 캐나다의 대부분 지역을 포함한다. 서부의 빅토리아(Victoria)와 밴쿠버에서, 동부의 토론토와 오타와, 몬트리올의 영어를 사용하는 작은 마을까지 포함한다. 제너럴 캐나다 지역 영어의 모음 체계는 미국 서부 지역의 모음 체계와 유사하다. 제너럴 캐나다 영어의 대표적인 특징은, 미국인들이 캐나다인을 인식하는 데 결정적인 단서가 되는 '캐나다식 상승(Canadian Raising)'이다. 이것은 night time [nəɪt taɪm], out loud [əʊt laʊd]처럼 무성 자음 앞에서 이중 모음 /ai/, /ɑu/의 첫 요소가 중간 음으로 상승된 이음을 갖는 것으로, 다른 위치에서 발음되는 경우와 다르다.

3.2. 매리타임

캐나다 연해주 '매리타임(Maritime)' 지역에 속하는 세 개 주의 언어학적 역사는 캐나다의 나머지 지역 역사와 매우 다르다(Trudgill & Hannah 2002: 48-49). 첫째, 노바스코티아(Nova Scotia)는 17~18세기 영국과 프랑스 간의 지배력을 위한 고투의 장이었고, 할리팩스(Halifax)는 1749년 영국에 의해 조성되었다. 1750년대에는 프랑스의 아카디아(Acadia) 정착민들이 쫓겨나고, 새로운 이민자들이 영국으로부터 이주해 왔다. 게일어를 사용하는 스코틀랜드의 하이랜드 지역민들이 케이프 브레톤섬(Cape Breton Island)에 정착했는데, 겔릭어는 오늘날에도 여전히 사용되고 있다.

둘째, 프린스 에드워드섬(Prince Edward Island)을 영국이 1758년에

점령하여 불어를 사용하는 거주민들의 대부분을 쫓아냈다. 인구의 3/4 이상이 하이랜드 스코틀랜드인, 얼스터(Ulster) 스코틀랜드인, 영국인, 그리고 남부의 아일랜드인들로 구성된, 영국에서 이주해 온 초기 정착민의 후손이다.

셋째, 뉴브룬스윅(New Brunswick)을 영국이 1713년에 장악하여, 불어를 사용하는 대부분의 아카디아 거주민들을 쫓아 냈다. 오늘날 인구의 2/3를 차지하는 영어 사용자의 대다수는 미국 독립 전쟁 반대주의자의 후손, 스코틀랜드인, 아일랜드인, 그리고 1700~1800년대에 도착한 영국 정착민의 후손들이다. 매리타임에서 시골 해안 지역 거주민들은 캐나다식 상승을 하지 않는다는 점에서 뉴파운드랜드 거주민들과 유사하다.

3.3. 뉴파운드랜드

'뉴파운드랜드(Newfoundland)'섬은 1949년 이후 캐나다의 일부가 되었고, 55만의 인구 중 95%는 영국과 아일랜드계이고, 3% 이하는 프랑스계이다(Trudgill & Hannah 2002: 49-50). 대부분의 도시 지역에는 돌셋(Dorset)과 드본(Devon) 출신의 초기 정착민의 후손들이 거주하지만, 아일랜드 남동부 출신들도 거주하고 있다. 뉴파운드랜드는 매우 특이한 정착 과정과 식민지의 역사를 갖고 있고, 언어학적으로 가장 특징적인 지역이다. 뉴파운드랜드에서는 사회적 변이가 특징이고, 캐나다식 상승은 관찰되지 않는다.

본 4장에서는 캐나다의 사회언어학적 상황, 캐나다 영어의 특징, 캐나다 영어의 지역적 변이에 대해 논의하였다. 캐나다는 영어와 불어를 공용어·공식어로 채택하고 있지만, 영어 모국어 화자가 절대 다수를 차지하고, 불어 모국어 화자들은 퀘벡주에 집중되어 있다. 캐나다 영어를 영국 및 미국 영어와 동일하게 간주하는 경향이 있지만, 캐나다인들은 캐나다 영어가 특징적인 자질들을 갖춘 그들만의 고유한 영어형이라 주장한다.

제 5장

호주 영어와 문화

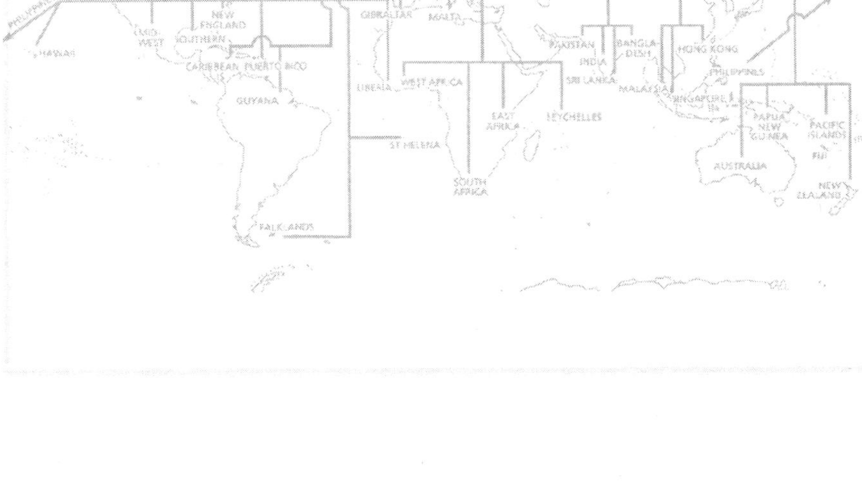

ENGLISH
BRITISH
CANADA
ANGLOPHONE
FRANCOPHONE
NEW ENGLAND
SOUTHERN
PUERTO RICO
GUYANA
IRELAND
SCOTLAND
WALES
ENGLAND
GIBRALTAR
MALTA
LIBERIA
WEST AFRICA
ST HELENA
EAST AFRICA
SOUTH AFRICA
SEYCHELLES
FALKLANDS
PAKISTAN
INDIA
SRI LANKA
HONG KONG
MALAYSIA
PHILIPPINES
USA
PAPUA NEW GUINEA
PACIFIC ISLANDS
FIJI
AUSTRALIA
NEW ZEALAND

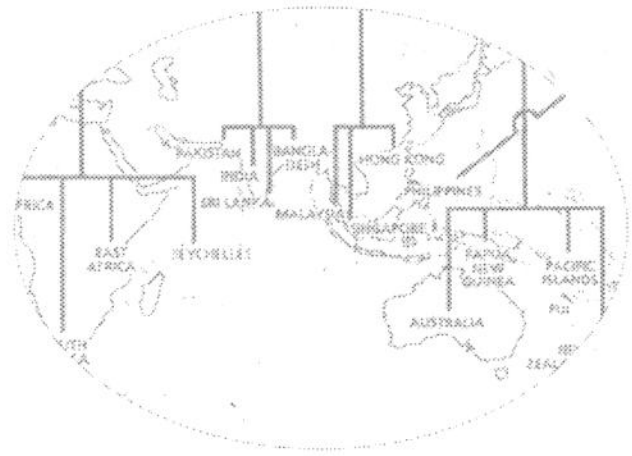

호주에서 영어가 사용된 것은 1788년 First Fleet이 호주에 도착한 이후인데, 현재는 약 1500만 이상의 영어 원어민이 있다. 19세기 초까지 New Holland라 알려진 호주에 관심을 보인 최초의 영국인은 윌리엄 댐피어(William Dampier)이다. 그는 1688년 호주 북서부에 몇 개월 체재하였고 그의 회사 직원이 이 신대륙에서 영어를 최초로 사용하였다(Görlach(1991). 19세기 호주 사회의 두 가지 특징은 비교적 높은 개방성과 정착민들의 신속한 적응력이었다. 호주는 영국에 의해 처음 식민지화되었으므로, '호주 영어(Australian English, AusEng)' 악센트가 오늘날 북미 영어보다 영국 영어 악센트와 더 유사하다는 것은 놀랍지 않다(Wells 1982). 이 장에서는 호주의 사회언어학적 상황, 호주 영어의 특징, 호주 원주민 영어의 특징에 대해 탐구한다.[5]

---

5) 본 장은 송경숙(2005a), 송경숙(2007)의 5장, Trudgill & Hannah(2002)에 주로 기초함..

1. 호주의 사회언어학적 상황

호주에서 영어가 공통된 국가어로 인식되지만, 이민자들로 구성된 다민족 국가이기에 오늘날 호주에는 약 150개의 언어와 약 120개의 원주민어가 사용되고 있다. 이 중에서 25개의 원주민어는 일상생활에서 다양한 의사소통적 목적으로 사용되고 있다(Baldauf & Djite 2000).

호주 영어를 '사투리(Broad)', '일반어(General)', '교양어(Cultivated)'의 세 가지 변이형으로 Mitchell & Delbridge(1965)는 분류하였다. 사투리는 세련미가 부족하고 발전되지 않은 유형으로, 지나친 비음성(nasality), 분절의 융합, 강세와 음 고저의 운율적 자질에서 명확한 구조의 부족으로 특징지어지는 이해하기 어려운 형태이다. 교양어는 선망의 대상이 되는 호주의 표준어이고, 일반어는 사투리와 교양어의 중간 형태이다.

호주 영어에서 사투리와 교양어는 지역적 분포나 사회·경제적 분배와 연관되지 않고 사회 계층에 의해서도 결정되지 않는다(Mitchell 1965). 가장 일관된 구별은 교육과 관련된다. 사투리와 표준어 중에서 한 가지 형을 사용하는 것은 개인적 선택이다. 변이형들 중에 화자가 선택하는 것은 개별 화자의 성별, 태도, 수학 유형, 가족적 배경, 성장 지역 등에 주로 영향을 받는다. 그리고 극소수 가정에서만 언어 사용상의 동질성이 관찰되고, 적지 않은 가정에서는 다양성이 나타난다.

호주에서는 지역에 따른 영어 변이가 최소화되어 거의 모든 지역에서 의사소통하기에 어려움이 없다. 전통적 연구에 따르면, 호주 영어에는 지역과 연관된 특정 변이형이 존재하지 않고, 특정의 사회적 요인과 연관된 변이형도 존재하지 않으며 호주 영어의 세 가지 변이형은 호주 전 지역에서 고루 관찰된다. 하지만 최근의 연구에 따르면, 지역적`사회적 요인에 따른 변이형이 관찰된다.

2. 호주 영어의 특징

호주 영어는 RP에서 유래했다는 주장이 일반적이지만, 호주 내에서 평준화되었다는 주장도 있다(Gorlach 1991). 왜냐하면, 호주 영어가 영국 영어와 구별되는 고유의 특징을 발전시킬 수 있는 충분한 시간이 흘렀기 때문이다. 이 절에서는 호주 영어의 특징을 음 체계 및 발음, 문법, 어휘를 중심으로 Trudgill & Hannah(2002)에 주로 기초하여 고찰한다.

2.1. 호주 영어의 음 체계 및 발음

호주 영어와 RP 간의 음성적 차이는 모음에서 가장 확연하게 나타난다(Trudgill & Hannah 2002: 16). 첫째, 호주 영어에서 very와 many는 /i/대신 /i:/를 갖는다. 둘째, 비강세 음절은 /ɪ/보다 /ə/로 발음된다. 예를 들면, horses, wanted 마지막 음절에서뿐만 아니라 naked, David, honest, village의 마지막 음절에서도 /ə/로 발음되고, begin /bəgɪn/, laxity /læksəti:/의 비강세 음절에서도 /ə/로 발음된다. 셋째, laugh, path, grass에서는 RP처럼 모음이 /ɑ:/로 발음되지만, dance, sample, plant, branch에서는 /æ/로 발음된다.

호주 영어 자음의 대표적 특징은 다음과 같다. 첫째, 혀를 굴리면서 발음하는 /r/음화가 나타나지 않는다. 둘째, city, better에서처럼 모음 사이에 오는 /t/가 유성 설탄음 [d̥]가 된다는 것이다.

호주 영어 발음에서 대표적인 특징은 다음과 같다. 우선, assume은 /əsú:m/~/əsjú:m/보다 /əʃú:m/으로 발음하고, presume은 /z/와 /zj/보다 /ʒ/로 발음한다. 요일을 나타내는 단어의 끝에 오는 -day가 RP에서는 /ɪ/로 발음되지만, 호주 영어에서는 Monday /mʌndeɪ/처럼 /eɪ/로 발음되는데 이런 경향은 젊은 화자들 사이에서 더 흔하게 나타난다.

호주 영어의 특징적 악센트는 Mitchell & Delbridge(1965)가 지적한 '고상승 어조(high rising tone, HRT)' 또는 '호주식 질문조 억양(Australian questioning intonation)' 현상이 일어난다는 것이다. 또한 호주 영어의 특징으로 지적된 지나친 비음성, 입술이나 턱을 움직이지 않는 평평함, 음조 변화의 결여, 내키지 않는 듯한 느린 말투는 호주 영어에 대한 부정적 평가와 관련된다(Görlach 1991: 159, Horvath 1985: 21).

2.2. 호주 영어의 문법

호주 영어에서 관찰되는 문법적 특징을 Trudgill & Hannah(2002: 18-20)는 다음과 같이 지적한다. 첫째, 호주 영어에서는 I shall go. We should like to see you처럼 조동사 shall과 should가 1인칭 주어와 사용되는 경우가 영국 영어에서보다 적다. 둘째, 호주 영어에서는 He didn't use to go가 영국 영어에서보다 빈도수가 낮고 He usedn't to go가 더 일반적으로 사용한다. 셋째, 조동사 ought가 있는 문장을 부가 의문문으로 할 때 do를 사용하지 않고 He ought to go, shouldn't he? He ought to go, ought't he?처럼 should나 ought를 주로 사용한다.

넷째, 소유를 나타낼 때 호주 영어 화자들은 I've got a new car처럼 got을 더 선호한다. 다섯째, 이중 목적어 구조의 3가지 유형, I'll give it him., I'll give him it., I'll give it to him 중에서 호주 영어 화자들은 to가 있는 문장을 가장 일반적으로 사용한다. 마지막으로, 호주 영어의 일상적 대화체에서 여성 대명사 she는 She'll be right. 'Everything will be all right.'처럼 무생물 명사와, She's a stinker today. 'The weather is excessively hot today.'처럼 비인칭 구조를 지시하는 데 사용될 수 있다.

2.3. 호주 영어의 어휘

호주 영어 어휘에서 관찰되는 대표적 특징은 다음과 같다(Trudgill & Hannah 2002: 20-23). 첫째, 호주 영어에는 호주 원주민들의 언어에서 차용된 어휘가 상당수 있다. 대표적인 예가 *bommerang, dingo, billabong* 같은 어휘와, 호주 원산의 식물이나 동물에 대한 이름이다.

둘째, 언어 내적인 것으로 어휘의 사용 빈도나 스타일 면에서 호주에서 사용되는 특이한 어휘의 예는 아래 (1)과 같다.

(1)

AusEng	EngEng
to barrack for	to support
footpath	pavement
frock	dress
get	fetch
goodday	hello
lolly	sweet
paddock	field
picture theatre	cinema
radiator	(electric) fire

sedan	saloon car
stove	cooker
stroller	push-chair

(Trudgill & Hannah 2002: 20)

footpath가 영국에서는 들판이나 숲을 가로지르는 작은 길이나 통로를 가리키고, pavement는 거리나 길가에 있는 통로를 가리키지만, 호주에서는 footpath가 두 가지 경우에 모두 사용된다. 그리고 호주에서 Goodday [gədei]는 일반적인 일상 회화체의 인사이다.

셋째, 호주에서는 일상적 대화체나 속어에서 자주 사용되지만, 영국에서는 사용되지 않는 어휘의 예는 아래 (2)와 같다.

(2) AusEng slang	EngEng
to chunder	'to vomit'
crook	'ill, angry'
a sheila	'a girl'
to front up	'to arrive, present oneself somewhere'
tucker	'food'
beaut	'very nice, great'
uni	'university' (cf. NZEng varsity)
interstate	'in another (Australian) state'

(Trudgill & Hannah 2002: 22)

넷째, 지역적 변이가 명확하게 나타나는데, 예를 들면, (3a)의 drinking fountain, (3b)의 contrail, (3c)의 saussage, (3d)의 garbage bin에서 지역에 따른 사용상의 차이가 확연하게 나타난다.

(3)		
	a. Perth	*drinking fountain*
	New South Wales	*bubbler*
	b. Queensland, North	*cheerio*
	Melbourne	*little boy*
	c. Sydney	*devon*
	Melbourne	*German sausage, Strassbourg saussage(Straz)*
	Adelaide	*fritz*
	Queensland	*Windsor sausage*
	Perth	*polony*
	d. Perth	*rubbish bin*
	Brisbane, Sydney	*garbage bin*
	Melbourne, Adelaide	*dust bin*

다섯째, 호주에서는 요청을 뜻할 때 Can I have a cup of tea, thanks?처럼 please보다 thanks를 주로 사용하고, beaut 'beautiful' uni 'university'처럼 구어체적인 생략어와 약어의 사용이, truckie 'truck driver' tinnie 'tin'처럼 -/i/로 끝나는 생략된 명사의 사용이 영국에서보다 더 빈번하다.

마지막으로, arvo 'afternoon', muso 'musician'처럼 -/ou/로 끝나는 생략된 명사가 영국 영어보다 호주 영어의 구어체에서 더 빈번하게 나타나며, Bazza 'Barry', Mezza 'Mary'처럼 -/zə/로 끝나는 생략된 인명을 호주 영어 화자들은 빈번하게 사용한다.

3. 호주 원주민 영어의 특징

18세기 말 영국이 호주를 침략하기 전에 호주에는 약 250개의 원주민 토착어와 약 600개의 방언이 사용되었다(Eades 1995). 이런 언어들은 매우 복잡하고 이웃 지역 언어들과는 상당한 차이가 있었다. 그 당시 원주민들은 침략자들을 상대하기 위해 영어를 배워야 했다. 초창기에 제한적으로 교류가 이루어지는 상황에서 원주민과 비원주민 사이에 사용되었던 단순화된 영어 형태를 '피진 영어(pidgin English)'라 한다.

'호주 원주민 영어(Aboriginal English)'는 호주 전 지역에 걸쳐 생활하고 있는 원주민들이 사용하는 다양한 영어 변이형을 가리킨다. 호주 원주민 영어는 호주 인구의 약 2%를 차지하는 다수의 원주민들에게는 제1언어가 되었다. 호주 원주민 영어는 개인적 차원에서의 정체성 인식뿐만 아니라, 특히 전통의 언어와 문화 행사가 잔존하지 않는 일부 지역에서는 다른 원주민에 대한 정체성 인식의 관점에서 중요하다(Eades 1995).

호주 원주민 영어가 호주 영어의 다른 변이형들과 많은 공통점을 갖고 있지만, 원주민들의 정체성과 동질성을 나타내는 강력한 도구가 된다. 이 절에서는 호주 원주민 영어의 특징을 음 체계 및 발음, 문법, 어휘를 중심으로 Eades(1995), Malcolm(2001)에 주로 기초하여 살펴본다.

3.1. 호주 원주민 영어의 음 체계 및 발음

호주 원주민 영어의 음 체계 및 발음상의 특징을 Eades(1995)는 다음과 같이 설명한다. 호주 원주민 영어는 전통적인 토착어뿐만 아니라 호주에 전파된 영국 잉글랜드와 아일랜드 영어의 영향을 많이 반영하고 있다. 첫째, 호주 원주민 영어의 가장 두드러진 특징은 영국 영어에서처럼 Henry's hat 같이 /h/로 시작하는 단어에서 /h/를 생략하고, Enry's at처럼 모음으로 시작하여 발음하는 것이다. 둘째, 모음으로 시작하는 단어에 /h/음을 추가하는 것으로, Uncle Henry가 Huncle Henry가 된다. 마지막으로, 어두에 위치하는 /d/는 dere-there, dat-there처럼 영국 영어의 어두에 위치하는 /th/에 대응하고, 어두에 오는 /b/, /p/는 bight, fight처럼 영국 영어의 어두에 오는 /f/, /v/에 대응한다.

3.2. 호주 원주민 영어의 문법

호주 원주민 영어의 문법적 특징은 다음과 같다(Eades 1995). 첫째, 호주 원주민 영어 화자들은 진술문을 상승 어조로 흔히 질문한다. 예를 들어, You still sitting there that time?를 상승 어조로 발화하면 You were still sitting there then?, Were you still sitting there then?을 의미하게 된다. 둘째, 질문이 의문문 부가로 끝나는 경우가 빈번하다. 예를 들면, 호주 전역에서는 They bite, eh? 'They bite, don't they?'처럼 eh?를, 호주 남부 지역에서는 inna를, 호주 서부 지역의 남서쪽에서는 unna를 첨가한다. 마지막으로, Three pies there, eh? 'Are there three pies?'처럼 존재를 나타내는 문장을 there가 뒤따르는 명사구 구조로 종종 표현하는데 'It's a... there is/are...'를 의미한다.

3.3. 호주 원주민 영어의 어휘

호주 원주민 영어의 어휘에서 관찰되는 특징은 첫째 지역적 변이다 (Eades 1995). 예를 들면, 경찰관을 호주 서부 지역에서는 monatj, 퀸스랜드에서는 booliman, 뉴사우스 웨일즈에서는 gunji와 gunjibald로 지칭한다. 그리고 백인을 북부 지역의 안험랜드(Arnherm Land)에서는 balanda, 남동부 지역에서는 gubba와 gub, 퀸스랜드에서는 migaloo, 서부 지역에서는 wajala, 북부 일부 지역에서는 walypala로 부른다.

그리고 호주 원주민 영어에는 영어 본래의 의미와 비교할 때 다른 의미로 사용되는 경우가 적지 않다. 예를 들면, 호주 원주민 영어에서 mother은 출산을 한 여성과 그 여성의 자매를 가리킨다. 따라서 원주민의 친족 관계에서 어머니의 자매가 종종 mother로 취급되고, 다수의 원주민어에서 mother가 어머니와 어머니의 자매로 번역된다. 다른 예들은 아래 (4)와 같다(Eades 1995).

(4)

Aboriginal English	EngEng
big mob	'a lot of'
camp	'home'
grow	'a child'
lingo	'Aboriginal language'
mob	'group'
up	'raise (a child)'

본 장에서는 호주의 사회언어학적 상황, 호주 영어의 특징, 호주 원주민 영어의 특징에 대해 살펴보았다. 호주가 영국에 의해 식민지화되면서 영어는 제1의 언어가 되었고, 호주 영어는 영국 영어와 적지 않은

유사점을 나타내고 있다. 하지만, Taylor(2001)의 지적처럼, 2차 세계 대전 이후 미국과의 교류 증대, 과학 기술의 급진적 발전, 세계화의 과정에서 국가 간 교류의 증대로 인해 대표적인 남반구 영어 변이형인 호주 영어는 미국 영어의 영향도 반영하고 있다.

제 6장

뉴질랜드 영어와 문화

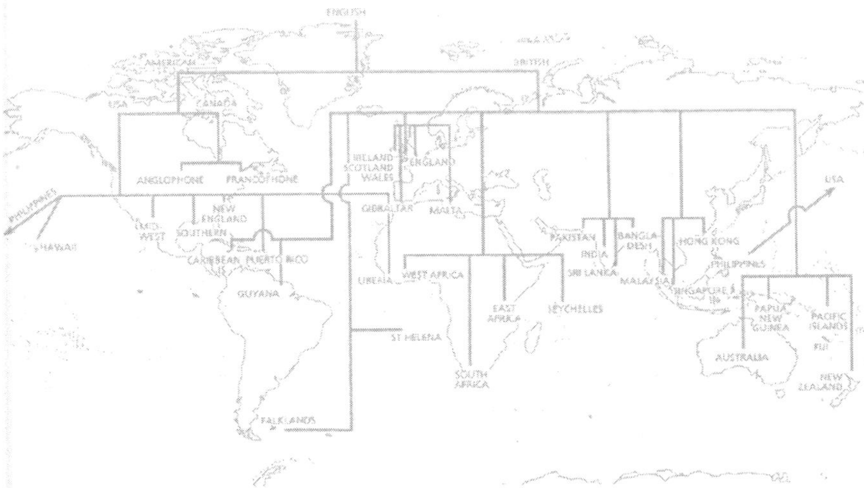

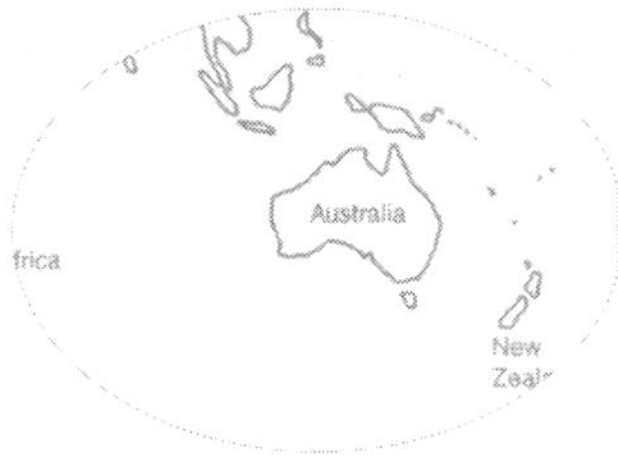

뉴질랜드는 세계적으로 가장 단일어화된 국가 중 하나로 뉴질랜드 인구의 약 95%에게 영어는 제1 언어이고, 약 90%는 영어만 사용하는 단일어 화자이다(Bell & Holmes 1990: 153). 뉴질랜드에서 영어는 19세기 초부터 사용되어 오늘날 영어 모국어 화자는 300만 이상이다(Trudgill & Hannah 2002: 23). 이 장에서는 뉴질랜드의 사회언어학적 상황, '뉴질랜드 영어(New Zealand English, NEEng)'의 특징, 마오리 영어의 특징을 Trudgill & Hannah(2002)에 주로 기초하여 고찰한다.[6]

6) 본 장은 송경숙(2006a), 송경숙(2007)의 6장, Trudgill & Hannah(2002)에 주로 기초함..

1. 뉴질랜드의 사회언어학적 상황

뉴질랜드에 영어가 처음 도착한 것은 제임스쿡(James Cook) 선장의 Endeavour호가 1769년 뉴질랜드에 도착한 때이고, Endeavour가 뉴질랜드를 떠날 때 영어도 함께 떠났다(Kuiper & Bell 2000: 11). 18세기 말에 유럽인들이 정착할 때까지 뉴질랜드에서 영어는 뿌리를 내리지 못했고, 폴리네이사(Polynesia)에서 온 뉴질랜드 최초의 정착민들이 사용한 '마오리어(Maori)'가 제1 언어였다. 뉴질랜드는 1840년 영국의 식민지가 되었는데, 이미 1830년대부터 영어는 뉴질랜드에 정착한 선교사, 선원, 상인, 식민지의 관리자들 대부분의 언어가 되었다.

뉴질랜드의 언어적 상황을 Kuiper & Bell(2000)은 다음과 같이 설명한다. 오늘날 뉴질랜드의 공적 영역에서 사용되는 유일한 언어는 영어이다. 뉴질랜드가 호주와 다른 점은, 호주에는 2차 세계 대전 이후 호주에 정착한 비영국계 다수 이민자 공동체의 언어가 대다수의 이민 1세나 2세들에 의해 가정 밖에서 여전히 사용되고 있는 반면, 뉴질랜드에서는 원주민어인 마오리어가 일반 공공 영역에서는 좀처럼 사용되지 않는다는 것이다.

뉴질랜드의 사회·역사적 관점에서 세 가지 요인이 언어학적 결과를 초래하였다고 Crystal(2003)은 지적한다. 첫째, 뉴질랜드에는 영국과의 강한 역사적 관계성과, 영국식 가치와 관습에 대한 상당한 공감대가 형성된 결과, 다수의 뉴질랜드인들은 영국 영향을 확연히 나타내는 억양으로 영어를 구사한다.

둘째, 뉴질랜드에는 국가·민족적 정체성이 증대되고 호주와의 차이가 특히 강조된 결과, 두 국가 간의 억양 차이에 대한 관심이 집중되었고 특징적인 뉴질랜드 어휘 사용이 장려되었다. 셋째, 뉴질랜드 인구의 10%를 차지하는 마오리족의 권리와 요구를 고려하려는 새로운 관심이 지속적으로 유지된 결과, 뉴질랜드 영어에서 마오리 단어 사용이 증가되었다.

뉴질랜드 영어와 호주 영어의 관계는 캐나다 영어와 미국 영어의 관계와 유사하고, 다만 양국 간의 차이가 적지만 심리적인 측면에서는 차이가 적지 않다(Gramley & Patzold 1992: 404). 또한 뉴질랜드 영어에는 지역적 변이가 적지만, 사회적 방언이 존재하고 도시와 시골 지역 간에 적어도 말씨와 스타일상의 차이는 존재한다(Hawkins 1973: 3).

2. 뉴질랜드 영어의 특징

이 절에서는 Crystal(1995: 354)이 "세계 영어의 지역적 방언학에서 다크호스"라 지칭한 뉴질랜드 영어의 특징을 음 체계 및 발음, 문법, 어휘를 중심으로 Trudgill & Hannah(2002), Bauer(1994)에 주로 기초하여 살펴본다.

2.1. 뉴질랜드 영어의 음 체계 및 발음

뉴질랜드에서 가장 선호하는 영어 억양은 RP이다. Trudgill & Hannah(2002: 23-25)에 따르면, 뉴질랜드 영어에서 관찰되는 음 체계 및 발음 상의 특징은 다음과 같다.

첫째, 뉴질랜드 영어가 호주 영어와 유사한 것은 very가 /i:/를, naked가 /ə/를 갖는 것이고, 뉴질랜드 영어에는 RP에서보다 느린 이중 모음과 강하게 전설화된 /a:/를 사용한다. 둘째, 뉴질랜드 영어에서는 bid의 /ɪ/가 음성학적으로 [ə] 영역에 위치하는 중간 모음이다. 셋째, /ɪə/와 /ɛə/를 융합하는 경향이 많은데, beer, bear 같은 쌍을 동일하게 발음한다([bẹ:~bẹə]).

넷째, city, better처럼 모음 사이에 오는 /t/는 호주 영어에서처럼 가변적으로 유성 설탄음이 된다. 다섯째, /r/음화하지 않고 삽입적 /r/과 연결적 /r/이 존재한다. 하지만 사우스 아일랜드(South Island)의 남부 지역에서는 /r/음화된다. 이런 현상을 뉴질랜드인들은 '남부의 거친 사투리(Southland burr)'로 간주하고, 스코틀랜드와 아일랜드에서 온 정착민들의 영향 때문이라 생각한다.

뉴질랜드 영어의 마지막 특징은 Mitchell & Delbridge(1965)가 지적한 '고상승 어조(HRT)'이다. 뉴질랜드 사람들이 의문문이 아닌 서술문에서 끝을 상승 어조로 발화하는 경향이 강한데, 고상승 어조는 특히 젊은 화자들의 말이나 내러티브에서 관찰된다(Warren & Britain 2000: 153).

2.2. 뉴질랜드 영어의 문법

Trudgill & Hannah(2002: 25)는 뉴질랜드 영어 문법의 특징을 다음과 같이 설명한다. 첫째, 뉴질랜드의 적어도 문자 언어에서는 The team is playing badly처럼 주어-동사 일치에서 단수형이 선호된다. 둘째, 영국 영어의 at the weekend, 북미 영어의 on the weekend에 대응하여 뉴질랜드 영어에서는 주로 in the weekend로 표현한다. 마지막으로, 뉴질랜드 영어 화자들은 호주 영어 화자들보다 shall을 덜 사용한다.

뉴질랜드 표준 영어를 영국 표준 영어로부터 구별하는 요인들을 Bauer (1994: 400)는 다음과 같이 지적한다. 첫째, hoof, roof, wharf의 복수형으로 -fs보다 -ves를 선호하고, prove의 과거 분사형으로 proven을 더 많이 사용한다. 둘째, 의문문과 부정문에서 have에 대해 do-지원을 더 많이 하고, used not to보다 didn't used to를 선호한다.

2.3. 뉴질랜드 영어의 어휘

뉴질랜드 영어의 어휘에서 중요한 측면은 뉴질랜드 어휘의 상당수가 호주 영어에서 유래되고 공유되고 있다는 것이다(Bauer 1994, 2000). 뉴질랜드 영어에 포함되는 초창기의 영국 방언 어휘의 대다수는 영국에서 뉴질랜드로 직접 유입된 것이 아니라 호주 영어를 통해 이루어졌다. 뉴질랜드 영어와 호주 영어의 어휘에서 상당 부분이 중복되는 것은 이들 국가가 지리적으로 인접하고, 뉴질랜드 초창기 이주민들의 상당수가 호주로부터 왔으며, 두 국가 간 이동이 활발한 것과 관련이 있다.

뉴질랜드 영어와 호주 영어에서 자주 사용되는 단어와 용례는 직업, 특히 농업과 관련된 용어와 일상 구어체에서 두드러진다(Deverson 2000: 26). 뉴질랜드 영어 어휘의 상당 부분은 호주 영어 및 영국 영어와 유사하지만, (1)처럼 뉴질랜드에서 특이하게 사용되는 단어도 있다.

(1) NZEng	EngEng
tramping	'hiking'
to farewell	'to say goodbye to'
to front	'to turn up, appear'
to uplift	'to pick up, collect'
a domain	'a recreation area'

(Trudgill & Hannah 2002: 25)

특히 뉴질랜드 영어의 *tramping*은 뉴질랜드 생활을 보여 주는 대표적 단어로 영국 영어의 hiking에 대응한다. 이외에도 *a joker* 'a guy, bloke', *to skite* 'to boast', *a Kiwi* 'a New Zealander'처럼 영국에서는 사용되지 않지만 뉴질랜드에서는 특징적으로 사용되는, 좀 더 구어체적인 어휘가 있다(Trudgill & Hannah 2002: 25).

또한 많은 뉴질랜드 지역명이 원주민어인 마오리어 어원을 갖고 있고, 다수의 마오리어 어휘들이 영어에 유입되었다. 예를 들면, 아래 (2)의 단어들은 뉴질랜드에서 책이나 신문에서 번역 없이 사용되고 있다.

(2)

Maori/NZEng	EngEng
aroha	'love'
haka	'posture dance'
kaumatua	'elder'
kaupapa	'plan, rule'
mana	'power, honour'
pa	'village'
pakeha	'white person, New Zealander of European origin'
powhiri	'welcome'
tapu	'sacred'

(Trudgill & Hannah 2002: 26)

Trudgill & Hannah(2002: 27)가 지적하는 뉴질랜드 영어에서 관찰되는 특이한 용례의 대표적인 예는 다음과 같다. 첫째, 뉴질랜드 영어에는 호주 영어처럼 영국 영어나 북미 영어에서 사용되지 않는 생략된 형태가 일상적 구어체에서 흔히 사용된다. 예를 들면, *beaut* 'beautiful, beauty', *varsity* 'university', *ute* 'utility vehicle, pick-up trunk'이다. 둘째, 다른 영어 변이형에서는 일반적으로 please가 사용되는 경우에 Can I have a cup of tea, thanks?처럼 thanks를 사용한다. 셋째, 뉴질랜드의 일상적 구어체에서는 *arvo* 'afternoon', *smoko* 'break, rest period'처럼 -/ou/로 끝나는 생략형과, *boatie* 'boating enthusiast,'처럼 /-i/로 끝나는 생략형을 많이 사용한다.

3. 마오리어 및 마오리 영어의 특징

뉴질랜드에 살고 있는 마오리족은 약 30만 명으로 뉴질랜드 인구의 약 10%를 차지한다(Trudgill & Hannah 2002: 26). 마오리족 중에 약 10만 명은 마오리어 모국어 화자이고, 마오리어 화자들은 영어를 구사할 수 있다. 마오리어는 통가(Tonga), 사모아(Samoa), 타히티(Tahiti)와 관련된 폴리네시아어이다. 원주민과 이주민 간의 접촉으로 인해 마오리어와 영어는 서로 영향을 주었다. 뉴질랜드에서 영어가 제1 언어로 사용되지만 뉴질랜드 영어에 대한 마오리어와 마오리 영어의 영향은 작지 않다. 따라서 이 절에서는 마오리어와 마오리 영어의 특징을 선행 연구에 기초하여 살펴본다.

3.1. 마오리어의 특징

마오리어의 특징을 Bauer(1994: 386-387)는 다음과 같이 설명한다. 첫째, 마오리어에는 5개의 모음(i, ɛ, a, ɔ, u)과 10개의 자음(p, t, k, m, n, ŋ, f, h, r, w)이 있다. 둘째, 모음 중에서도 특히 폐쇄 모음은 구(phrase)의 끝에서 무성음이 될 수 있다. 셋째, 마오리어에서 /f/는 wb로, /ŋ/는 ng로 철자(spell)화 한다. 넷째, 마오리어는 동사-주어-목적어(VSO) 어순으로 수식하는 어구가 수식을 받는 어구 뒤에 위치한다. 마지막으로, 시제와 상은 동사의 굴절과 활용에 의해서보다 선행하는 불변화사에 의해 표시된다.

3.2. 마오리 영어의 특징

뉴질랜드의 원주민인 마오리족이 구사하는 영어를 '마오리 영어(Maori English)'라 하는데 영어 현지화의 한 단면을 보여준다. 뉴질랜드인들은 말하는 방법에 따라 마오리 사람을 구별할 수 있다고 한다. 하지만 마오리 영어 고유의 특징을 규정하는 것이 항상 가능한 것은 아니라고 Benton(1991: 195-196)은 지적한다.

뉴질랜드 영어와 구별되는 고유의 자질을 갖춘 마오리 영어의 존재에 대한 증명이 시범적이고 불투명하다. 그럼에도 불구하고 마오리 영어는 뉴질랜드 영어에서 일종의 '인종어(ethnic dialect)', 사회어로 간주되고, 마오리 사람들 간의 결속력과 그들의 열망을 나타내는 기능을 한다.

마오리 영어는 발음, 특히 '음질(voice quality)'과 리듬에 의해 가장 쉽게 인식된다. 리듬은 뉴질랜드 영어의 다른 변이형보다 강한 음절-시간제이고, 비강세 음절에서 좀 더 충만한 모음을 갖는다(Bauer 1994: 414). 특히 마오리의 학생들은 /d/-/ð/, /t/-/Θ/, /s/-/z/를 융합하는 경향이 있으며, /s/를 발음할 때 뉴질랜드 영어에서의 일반적인 음질과 달리 혀끝에서 발음되는 설첨음화나 구개음화하는 경향이 있다(Benton 1966).

마오리 영어의 문법적 특징은 다양하다. 우선 과거 시제를 went to로 표시하는 것이다(McCallum 1978). 비슷한 연령, 사회 계층, 지역적 배경의 마오리 여성들과, '유럽계 백인(Pakeha)' 뉴질랜드 여성들의 말을 비교한 Jacob(1990)는 두 그룹 간의 문법적 특징을 다음과 같이 설명한다(Bauer 1994). 마오리 여성이 과거 분사형 come, seen, run, been을 과거 시제형으로 더 많이 사용하고, 3인칭 단수 이외의 인칭에 대한 현재 시제 동사에서 -s 활용을 더 많이 한다. 또한 be going to 표현의 be를 다양하게 삭제하고, 이중 부정을 좀 더 자주 사용하며, 다양한 상황에서 조동사 have를 더 자주 삭제한다.

마오리 영어 어휘의 특징을 Bauer(1994: 415-416)는 다음과 같이 설명한다. 첫째, 마오리 영어에서 마오리 어휘가 더 많이 관찰된다. 이것은 방언의 유형보다 대화 주제와 더 관련이 있음을 보여준다. 예를 들면, *kai* 'food' 같은 일부 단어들은 마오리 영어와 연관되는 것 같지만 확실하지 않다. 방송 매체나 인쇄물에 사용되는 마오리어 어휘의 영향을 받은 뉴질랜드 영어 변이형은 마오리 사람들에 의해, 마오리 사람들을 위해 생성되지만 마오리 영어는 아니다. 왜냐하면 이 변이형은 마오리 영어보다는 더 큰 힘을 갖고, 전형적인 마오리 영어 억양으로 자리매김할 수 없기 때문이다.

본 장에서는 뉴질랜드의 사회언어학적 상황, 뉴질랜드 영어와 마오리 영어의 대조적 특징을 음 체계 및 발음, 문법, 어휘를 중심으로 논의하였다. 뉴질랜드 영어는 세계 영어에서 다크호스로 평가되고(Crystal 1995), 마오리 영어는 영어의 현지화·토착화 및 언어 접촉의 한 단면을 보여주고 있다. 지구촌 시대에 국내·외에서 뉴질랜드의 사회·문화적 배경을 갖고 있는 뉴질랜드 영어 화자들과의 상호 교류의 기회가 있는 상황에서, 효과적인 의사소통을 위해 뉴질랜드 영어 및 마오리 영어의 특징에 대한 적절한 이해가 요구된다.

제7장

싱가포르, 말레이시아 영어와 문화

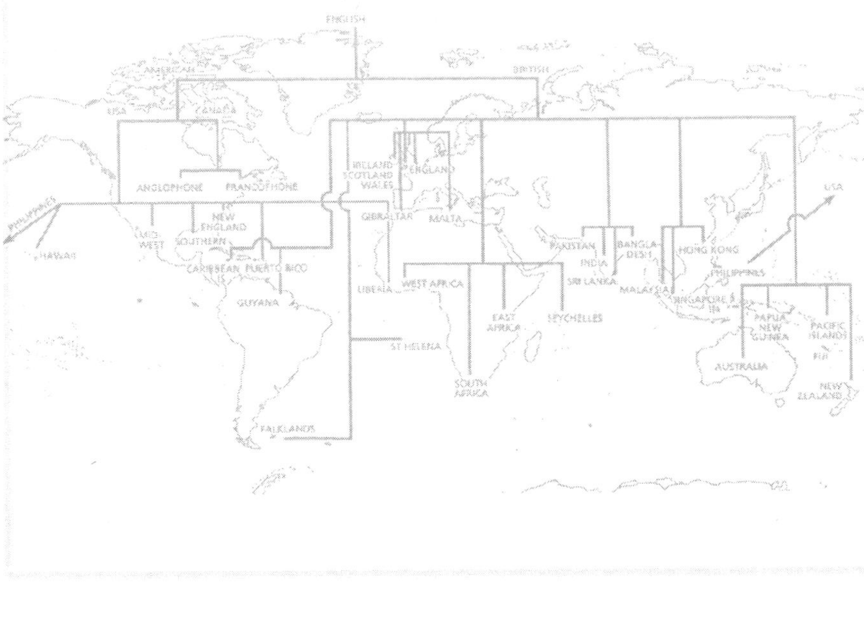

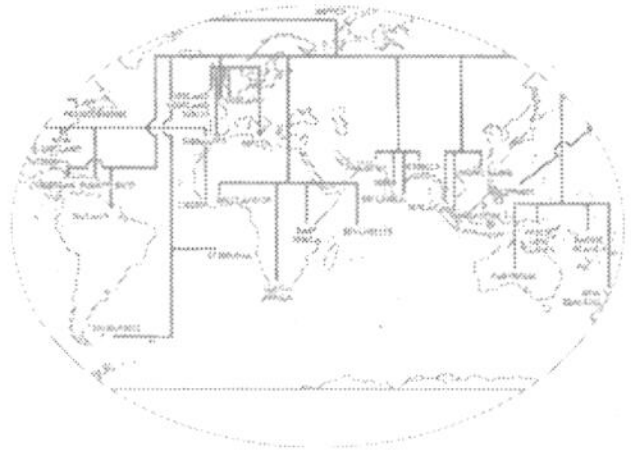

국제화 시대에 다양한 사회·경제적 이유로 동남 아시아에 대한 관심이 증대되고 교류가 활발한 상황에서,싱가포르와 말레이시아의 사회문화적 특징, 사회언어학적 상황, 영어 특징에 대한 연구와 이해의 필요성이 절실하다. 싱가포르와 말레이시아는 대영 제국의 식민지였고 영어가 행정 및 법률 서비스에서 중요한 의사소통의 수단이며 전체 인구에서 중국인이 차지하는 비율이 높다는 점에서 유사하다(Platt 1982, Trudgill & Hannah 2002 등). 또한 지리적 근접성과 비슷한 인종 분포로 인해 싱가포르와 말레이시아에서 사용되는 영어는 역사적으로나 방언학적으로 매우 유사하다. 두 영토가 독립 국가로 분리된 이후 시행한 상이한 언어 정책으로 인해 언어학적으로 차이가 존재하고, 영어의 지위 및 기능에서는 적지 않은 차이가 존재한다(Newbrook 1997, Platt 1982 등).

따라서 이 장에서는 영국의 식민지였고 다인종·다민족 국가인 싱가포르, 말레이시아의 사회언어학적 상황, 영어의 특징을 음 체계 및 발음, 문법, 어휘를 중심으로 고찰한다.[7]

---

7) 본 장은 송경숙(2004b), 송경숙(2007)의 7장과 8과, Trudgill & Hannah(2002)에 주로 기초함..

1. 싱가포르 영어와 문화

싱가포르에 영어가 전파된 것은 1819년 스템포드 래플즈경(Sir Stamford Raffles)이 싱가포르에 무역 센터를 설립한 이후이다(Platt 1991: 376). 1959년까지 대영 제국의 식민지였던 싱가포르는 현재 약 3백만 인구의, 섬으로 이루어진 국가이다.

1.1. 싱가포르의 사회언어학적 상황

Kuo(1976: 134)에 따르면, 언어학적으로 싱가포르 사회는 상호 관련이 없는 다양한 언어들을 포함하는 패턴을 갖고 있으며 Fishman(1968, 1971, 1972a,b, 1978)이 설명한 '다양상 국가(multi- modal nations)'의 전형이다. 싱가포르에서 영어는 서로 다른 방언을 사용하지만 영어를 교육 매개어로 교육을 받은 중국인들 사이에서, 그리고 영어를 교육 매개어로 교육을 받은 중국인과 인도인과 말레이인들 사이에서 링구아 프랑카로서 급속하게 발전하였다(Platt & Weber 1980). 또한 영어를 매개어로 교육을 받은 다양한 인종적·민족적 배경의 화자들과 영국 영어 화자들 간에 효과적인 의사소통을 위한 매개체로 영어가 광범위하게 사용된다.

싱가포르의 언어 정책은 다인종·다민족 국가가 주로 채택하는 '다언어주의(multilingualism)'라 할 수 있다. 싱가포르에는 4개의 공용어·

공식어와 다수의 지역적 방언이 공존하여 언어적으로 가장 복잡한 국가 중 하나이다. 약 3백만의 싱가포르 인구 중 77%는 중국계, 14%는 말레이계, 7%는 인도계, 나머지는 유라시안이나 유럽인 또는 아랍인들이다. 이러한 인구 구성을 고려해 중국어, 말레이어(Malay), 타밀어(Tamail)를 공식어·공용어로 채택함과 동시에, 인종·민족 간의 의사소통을 위해 영어를 공용어·공식어 및 링구아 프랑카로 채택하고 있다.

싱가포르에서 인종·민족적으로 중립적인 영어가 수행하는 주된 두 가지 기능은 인종적·민족적 배경에 상관없이 모든 사람에게 동일한 기회를 제공하는 것과, 인종·민족 간의 화합과 국가적 연대를 증진하는 것이다(Lick & Alsagoff 1988: 204). 싱가포르에서 19세기에 영어 화자가 되는 방법에는 두 가지가 있었다(Gupta 1998: 113). 유럽계 영국인이나 유럽계 영국인 후손으로 영어를 사용하는 가정에서 태어나거나, 싱가포르에서 영어를 교육 매개어로 하는 학교에서 교육을 받는 경우이다. 싱가포르에서 영어를 가정에서 주로 사용하는 비율은 해마다 증가한다.

싱가포르 영어는 영어가 현지화된 전형적인 예이다(Platt 1991: 376). 이것은 영어가 국내뿐만 아니라 국외적으로, 인종·민족 내뿐만 아니라 인종·민족 간에, 공공 영역뿐만 아니라 사적 영역에서 다양한 기능을 수행하기 때문이다. 싱가포르에서 영어의 기능은 매우 다양해졌고, 영어를 교육 매개어로 하는 교육 기관의 건립은 싱가포르 영어의 시작이었다.

1.2. 싱가포르 영어의 특징

싱가포르에서 영어는 화자의 사회·경제적 배경과 교육 수준에 따라 특이한 변이를 나타내고 있다(Platt & Weber 1980: 46). 싱가포르의 대화체 영어에는 4개의 하위 변이형이 있다(Platt & Weber 1980, Platt, Weber & Ho 1983). '상층어(acrolect)'는 교육 수준이 높은 화자들 사이에 주로 사용되어 격식을 가장 잘 갖춘, 명성을 얻은 영어형이다. '하층어(basilect)'는 교육 수준이 낮은 화자들이 주로 구사하여 규범에서 상당히 벗어나고 격이 가장 낮은 영어형이다. 싱가포르 영어의 상층어와 하층어 중간에 '중층어(mesolect)'가 존재하는데, '상위 중층어(upper mesolect)'와 '하위 중층어(lower mesolect)'로 세분화된다. 싱가포르 영어의 변이형들은 '언어 연속선(speech continuum)'를 형성하면서 발음, 문법, 어휘상의 차이를 나타낸다.

1.2.1. 싱가포르 영어의 음 체계 및 발음

싱가포르 영어의 발음은 영국 표준 발음인 RP와 몇 가지 점에서 구별되고 특징은 다음과 같다(Trudgill & Hannah 2002: 136-137, Platt & Weber 1980). 첫째, 교육을 받은 화자들의 싱가포르 영어에는 /r/음화가 나타나지 않고, 연결적 /r/과 삽입적 /r/이 부족하다. 둘째, 어말에 오는 3-4개의 자음군이 next /neks/, punched /panʧ/처럼 종종 2개로 간소화된다. 이것은 문법적인 결과를 초래하는데, 현재 시제 -s, 과거 시제 -ed, 복수형 s를 생략한다. 셋째, bottle, button 같은 단어에서 /əl/, /ən/이 /l/, /n/을 대신한다. 넷째, 어미에 위치하는 자음이 주로 무성음화되어, /b/, /d/, /g/, /ʤ/, /v/, /ð/, /z/가 /p/, /t/, /ʧ/, /f/, /Θ/, /s/로 융합된다(예: knees = niece, leaf = leave). 마지막으로, 자음 /Θ/는 /t/와, /ð/는 /d/와 융합한다.

1.2.2. 싱가포르 영어의 문법

싱가포르 영어의 문법적 특징으로 Trudgill & Hannah(2002: 137-138)가 지적하는 대표적인 것은 다음과 같다. 첫째, 일부 군집 명사가 가산 명사로 간주된다(예: luggages, chalks, furnitures). 둘째, use to가 현재 시제로 사용되어 습관적 행동을 나타낸다. 예를 들면, I use to go shopping on Mondays를 'I usually go shopping on Mondays'의 의미로 사용된다. 셋째, would가 will보다 좀 더 빈번하게 사용된다(예: We hope you would come tomorrow). 넷째, is it?과 isn't it?이 부가 의문문에서 주어나 시제에 상관없이 불변하게 사용된다(예: He is going to buy a car, isn't it?). 마지막으로, 부가 의문문에서 can or not을 She wants to go, can or not? 'Can she go (or not)?'처럼 자연스럽게 사용한다.

1.2.3. 싱가포르 영어의 어휘

싱가포르 영어 어휘에서 관찰되는 특징을 Platt & Weber (1980), Wee(1998), Wong(1994)은 다음과 같이 지적한다. 첫째, 배경 언어에서 차용된 비영어 어휘군이 적지 않다. 예를 들면, 중국어에서 유래한 *cheem* 'difficult to understand or profound', 중국어 방언 혹킨에서 유래한 *kiasu* 'a person afraid of losing out', 말레이어에서 유래한 *angkat* 'to raise or lift'가 있다(Wee 1998: 18). 이 외에 말레이어나 혹킨 중국어 등의 배경 언어에서 유래된 것으로, *alamak*은 감탄사로서 억양에 따라 놀라움, 조롱, 불쾌감을, *amah*는 간호사나 가정부를, *kachang*은 견과류 특히 땅콩을, *kampong*은 특정 집단의 사람들이 거주하는 동네를 각각 나타낸다.

둘째, 표준 영어나 다른 영어 변이형에서도 사용되지만, 싱가포르 영어에서는 다른 의미로 사용되는 어휘가 있다(Platt & Weber 1980: 85-93). 예를 들면, 싱가포르 영어에서는 close가 'turn off'의 뜻으로, deep이 'educated, formal'의 의미로 사용되고, freshies가 대학 1학년을 가리킨다(Platt & Weber 1980: 85-93).

마지막으로, 싱가포르 영어에서 '의미 확대(broadening)'가 빈번하게 이루어진다 (Platt & Weber 1980: 87). 표준 영어에서 fellow는 대상이 남성인 경우에 주로 사용하지만, 싱가포르 영어에서는 She's a nice fellow처럼 남성과 여성 모든 경우에 사용한다. 동사 send가 싱가포르 영어에서는 I'll send you home. 'I'll give you a ride home.'처럼 보내는 주체가 보내지는 대상을 흔히 동행할 수 있다.

2. 말레이시아 영어와 문화

말레이시아는 지리적으로 말레이 반도와 보르네오섬의 북부로 이루어졌다. 말레이시아는 17세기 중반까지 포르투갈의 지배를 받았고, 1641년에 네덜란드의 침입을 받았으며, 1786년 영국의 점령 하에 놓였다가 1957년 독립하였다. 말레이시아는 인구 구성면에서 말레이계가 전체의 반 이상을 차지하고, 중국계가 약 38% 인도와 기타 지역 출신이 약 10%를 차지한다. 말레이시아는 언어와 문화와 종교가 다른 인종·민족들로 구성된 다인종 국가이며, 언어적으로는 말레이어, 영어, 중국어, 인도어 등이 사용되는 다언어 국가이다.

2.1. 말레이시아의 사회언어학적 상황

말레이시아가 1957년 영국으로부터 독립할 때 말레이시아는 말레이어를 공용어·공식어로 채택하였다(Lowenberg 1986, 1991). 이런 조치는 새로운 국가에 대한 국가적 염원을 결집하기 위한 것으로 정당화되었다. 하지만 다른 목적은, 식민지 기간 동안 말레이인보다 더 많은 경제적 이득을 취한 중국인과 남아시아 이민자 후손들과의 경제적인 경쟁에서, 정치적으로 가장 강력한 말레이인의 지위를 향상시키기 위한 것이었다(Le Page 1962, Hua 1983).

말레이시아에서 사용되는 대표적인 언어는 영어, 말레이어, 중국어,

인도어이다. 말레이시아에서 영어는 영어를 매개어로 한 교육을 받은 서로 다른 방언을 사용하는 중국인들 사이에서, 그리고 영어를 매개어로 한 교육을 받은 중국인과 인도인과 말레이인들 사이에서 특히 바하사 말레이시아가 사회·문화적으로 부적절할 때 링구아 프랑카로서 사용된다. 또한 영어를 매개어로 교육을 받은 다양한 인종·민족적 배경의 화자들과 영국 영어 화자들 간의 국제적 의사소통에서 사용된다. 국어로 장려하기 위해 말레이어를 인종·민족적으로 좀 더 중립적인 '바하사 말레이시아(Bahasa Malaysia)'로 명명하였는데 '말레이시아의 언어(Malaysian language)'란 뜻이다. 1969년 교육부는 영어를 교육 매개어로 하는 모든 학교에 말레이어를 교육 매개어로 전환하는 정책을 시작했다.

말레이시아에서의 사회언어학적 상황을 Gill(2002)은 다음과 같이 설명한다. 말레이시아에는 국어인 '바하사 말레이시아'와 영어 간에 역동적인 긴장이 항상 존재한다. 전자는 국가적 정체성을 고양하는 언어로, 후자는 국가 및 인종 간 의사소통을 위한 실용적 언어로 자리매김하고 있다. 따라서 말레이시아 언어 정책 수립가들은 독립 직후에 민족주의를 확립하는 시기를 거쳐, 21세기를 맞아 국제화의 도전과 '언어적 실용주의(linguistic pragmatism)'의 필요성을 인식하면서, 말레이시아의 다양한 정치적, 사회적, 경제적 필요성을 충족시켜 왔다.

2.2. 말레이시아 영어의 특징

말레이시아 영어에는 상층어, 중층어, 하층어의 세 가지 어형이 있다(Baskaran 1987 등). Juhary(2003)에 따르면, 상층어는 가장 고차원적인 형태로 억양을 제외하고는 영국 영어에 가장 가깝다. 중층어는 진정한 의미의 말레이시아 영어로 어휘에서는 차이가 있지만 간소화 과정을 거쳤다. 하층어는 말레이시아 영어의 '바하사 파사(Bahasa Pasar)'가 될 수 있다는 지적이 있다. 말레이시아 영어는 중층어와 하층어만을 지칭한다는 지적도 있다(Newbrook 1997: 235). 상층어가 주로 공식적 상황에서 사용되고, 중층어가 공식·비공식적 상황에서 두루 사용되는 것과 비교할 때, 하층어는 비공식·비격식적 상황에서 주로 사용된다.

2.2.1. 말레이시아 영어의 음 체계 및 발음

말레이시아 영어에는 영국 영어와 구별되는 음 체계 및 발음 상의 특징이 있다(Platt 1982: 394-395). 첫째, 자음군의 축소 및 변형이 영어를 매개어로 교육을 받은 말레이시아인들의 영어에서 흔히 나타난다. 자음 축소는 상층어 화자의 약 12%에서, 하층어 화자의 약 97%에서 관찰된다(Platt 1982: 394). 둘째, 모음 생략이 빈번하게 일어나고(예: see [si], [sɪ]), 특히 하층어 화자들은 RP에서 이중 모음으로 발음되는 것을 단모음으로 발음한다. 셋째, 강세는 후행 음절로 전환하고 싱가포르 영어처럼 리듬이 스타카토 형식이다.

2.2.2. 말레이시아 영어의 문법

말레이시아 영어의 문법적 특징은 다음과 같다(Newbrook 1997: 239-240). 첫째, 말레이시아 영어에는 no more, never 다음에 주어-동사-목적어의 어순이 가능하다 (예: Never I am going to lend him money again). 둘째, got이 조동사로 I got go there before처럼 동사 원형이 후행할 때

'have' 의미로 사용된다. 셋째, 스포츠팀 이름 같은 집합 명사를 단수 동사로 처리하고, all/both+not, -n't를 'none/neither'의 의미로 해석한다. 마지막으로, as such를 선행어 없이 'therefore'의 의미로 사용하고, where가 예상되는 위치에 whereby를 광범위하게 사용한다.

2.2.3. 말레이시아 영어의 어휘

말레이시아 영어 어휘의 특징을 Platt(1982), Platt & Weber(1980)는 다음과 같이 설명한다. 첫째, 말레이시아 영어의 어휘는 싱가포르 영어와 상당 부분을 공유하고, 배경 언어인 말레이어와 피진 말레이어인 바자 말레이어에서 유래된 것이 다수 포함된다. 대표적인 예는 *kampung, wayang*으로 대등어가 영어에는 존재하지 않는다. 원래 *kampong*은 조그마한 시골 마을의 나무로 만든 집에서 함께 거주하는 집단을 가리키는데 말레이시아 문화를 고스란히 반영한다. *wayang (kulit)*은 말레이의 군도나 다도해의 많은 지역에서 전통 악기와 함께 연주되어 말레이 문화를 보여 주는 인기 있는 행사를 일컫는다.

둘째, 말레이시아 영어 어휘에는 중국어, 특히 혹킨어뿐만 아니라 포르투갈의 식민지 역사로 인해 포르투갈어에서 유래된 어휘도 다수 있다. 예를 들면, *towkay*는 원래 부유한 고용주를 가리키는데, 말레이시아에서는 중국인 사업가를 가리킨다. 농경지를 의미하는 포르투갈어 *peão*에서 유래된 *peon*은 말레이인이나 타밀인의 사무실 직원을 의미한다. 간호사를 나타내는 *ama*가 말레이시아에서는 *amah*가 되어 간호사나 여자 하인을 가리킨다.

마지막으로, 말레이시아의 좀 더 일상적인 영어 대화에서는 단순한 어휘적 차용에서부터 '코드-믹싱(code-mixing)'과 '코드-스위칭(code-switching)'까지 다양하게 나타난다(Lowenberg 1991).

이 장에서는 싱가포르와 말레이시아의 사회언어학적 상황, 영어 특징을 음 체계 및 발음, 문법, 어휘를 중심으로 고찰하였다. Pennycook(1994: 255)에 따르면, 싱가포르에서의 영어 전용은 실용주의, 다인종주의, 엘리트 주도형의 사회적 특성에 의해 강화되었지만, 영어 전용에 대한 비판적 시각이 존재한다. 말레이시아에는 과거 언어 정책 및 교육 매개어 선정에서의 변화로 인해 영어의 지위와 기능이 변화하였다(Platt & Weber 1980: 182). 싱가포르와 말레이시아에서 사회`문화`역사적 측면에서뿐만 아니라, 언어정책과 영어 특징에서도 유사점과 차이점이 적지 않다.

제8장

인도, 필리핀, 홍콩 영어와 문화

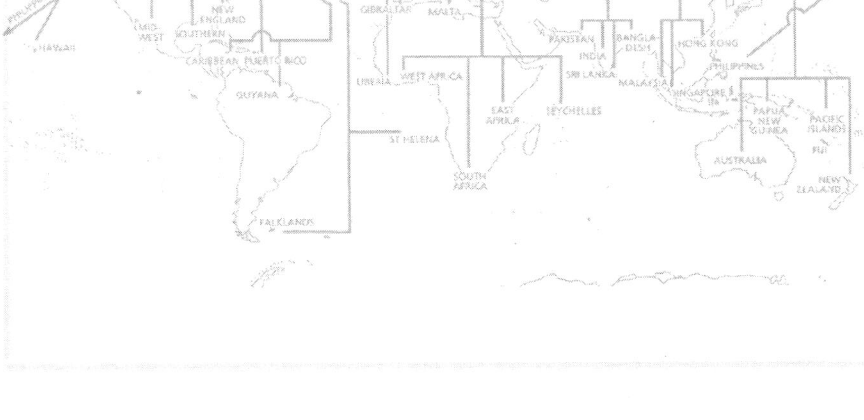

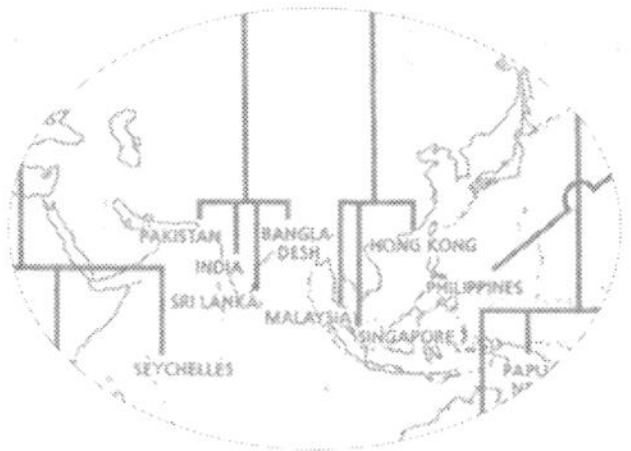

영어는 아시아 및 태평양 지역에서 제2 언어로서 주로 공용어·공식어, 교육 언어, 국가내 의사소통의 수단으로 사용된다. 남아시아(South Asia)의 모든 국가들이 역사적·기능적 관점에서 세부 상황은 다를지라도, 각국 영어의 사회언어학적 상황은 놀랍게도 유사하다(Ferguson 1996: 36). 동남 아시아에서 대표적인 영어 사용 국가는 싱가포르, 말레이시아, 인도, 필리핀, 홍콩이다. 인도, 필리핀, 홍콩에서 영어는 어느 정도 현지화되었고, 배경 언어와 지역 언어의 영향 때문에 모국어 화자들의 영어와는 확연하게 구별된다.

이 장에서는 지구촌 시대 국제 교류가 증대되고 사회·문화·경제적 관점에서 동남 아시아에 대한 관심이 높은 상황에서, 다언어 및 다인종·다민족 국가인 인도, 필리핀, 홍콩의 사회언어학적 상황과, 음 체계 및 발음, 문법, 어휘를 중심으로 한 각국 영어의 특징에 대해 논의한다.[8]

8) 본 장은 송경숙(2005b), 송경숙(2007)의 9장, Trudgill & Hannah(2002)에 주로 기초함.

1. 인도 영어와 문화

1.1. 인도의 사회언어학적 상황

인도는 기원전 3000년경의 인더스 문명에서 유래한다. 인더스 문명은 드라비다인(Dravidians)에 의해 발달된 문화로, 기원전 1500년~2000년경부터 이주하기 시작한 아리아인(Aryans)들에 의해 파괴되고 베다 문화로 변화하였다. 1763년 영국이 인도의 패권 국가가 된 후, 1800년 동인도회사를 설립하여 인도를 통치하였다가 1857년 식민지로 직접 통치하였다. 그 후 인도는 1947년 독립이 되어 1950년 공화국이 되었다. 인도를 구성하는 지배 인종은 드라비디아인과 아리아인이다. 하지만 인도 대륙을 침입하였던 중앙 아시아의 인종과 더불어 그리스인과 아랍인도 적지 않으며, 동북 지역에는 몽고인도 거주하고 있다. 이처럼 인도는 다양한 인종 집단으로 구성되어 있는 다인종·다언어 국가이다.

인도에는 현재 18개의 공용어가 사용되고 있는데, 아삼어(Assamese), 뱅골어(Bengali), 구자라트어(Gujarati), 힌디어(Hindhi), 칸나다어(Kannada), 카슈미르어(Kashmiri), 콩가니어(Konkani), 말라얄람어(Malayalam), 마라티어(Marathi), 마니뿌리어(Manipuri), 네팔어(Nepali), 오리아어(Oriya), 판자브어(Panjabi), 산스크리트어(Sanskrit), 신디어(Sindhi), 타밀어(Tamil), 텔루구어(Telugu), 우르두어(Urdu)가 그것이다(Mehrotra 1998: 1).

인도는 영어 화자를 수적으로 비교할 때 미국과 영국을 더한 것보다 더 많고, 지구상 가장 많은 수의 비모국어 영어 화자가 거주하고 있다. 인도에서 영어는 교육 매개어, 제2 공용어·공식어이고, 힌디어가 제1 공용어·공식어이다. 영어가 4개 주와 8개의 유니온에서 공용어로 사용된다. 인도 영어에 대한 Trudgill(1995: 316)의 주장은 글로벌 시대에 시사하는 바가 적지 않다. 곧 영국 영어가 인도 영어보다 우월하기 때문에 과거에 행해진 것처럼 모델로 사용하여야 한다고 주장하는 것은 언어적으로 무의미할 뿐만 아니라 사회적·교육적 억압이 될 수 있다는 것이다. 오늘날 영어는 인도 전역에서 "특권과 기회, 상승 이동과 사회적 진출, 혁신과 현대화의 언어"로 자리매김하고 있다 (Mehrotra 1998: 2).

1.2. 인도 영어의 특징

1.2.1 인도 영어의 음 체계 및 발음

인도 영어의 발음은 화자의 모국어, 교육 배경, 영어에로의 노출 정도에 따라 상당한 변이를 나타낸다. 하지만 인도 영어에서 음 체계 및 발음상의 대표적인 특징은 다음과 같다 (Trudgill & Hannah 2002: 129-130). 첫째, 인도 영어는 RP와 비교할 때 모음 체계에서 대조가 부족한 축소된 체계이다. RP의 /ɑ:/와 /ɔ:/는 인도 영어의 /ɑ:/에 대응하고, RP의 /ɒ/와 /æ/는 인도 영어 /a/에 대응한다. 둘째, RP의 이중 모음 /ei/와 /ou/는 각각 /e:/와 /o:/로 단모음화하는 경향이 있다. 셋째, 인도 북부에서는 어두의 /sk/, /st/, /sp/가 선행하는 /i/를 받는 경향이 있다(예: speak /ispi:k/). 마지막으로, 교육을 받은 대다수 인도인의 영어는 /r/음화하지 않는다.

1.2.2. 인도 영어의 문법

인도 영어의 문법적 특징은 다음과 같다 (Trudgill & Hannah 2002: 130-134). 우선 다수의 불가산 명사 특히 추상 명사가 복수형으로 사용된다. 그리고 합성어를 (예: *chalk-piece* 'piece of chalk', *key-bunch* 'bunch of keys') 지나치게 사용하고, 형용사로 사용될 때 단어의 분사형보다 명사형 (예: colour pencils, schedule flight)을 사용한다. 마지막으로, 보편적인 부가 의문문 isn't it?이 You are going home soon, itsn't it?처럼 주어, 시제, 주절의 조동사에 상관없이 사용된다(Trudgill & Hannah 2002: 134).

1.2.3. 인도 영어의 어휘

인도 영어 어휘에서 관찰되는 대표적인 특징은 다음과 같다(Trudgill & Hannah 2002: 135). 우선, 인도어에서 차용된 어휘가 상당히 많은데 자주 사용되는 단어는 *bandh* 'a total strike in an area', *crore* 'ten million', *dhobi* 'washerman', *durzi* 'tailor', *lakh* 'one hundred thousand', *sahib* 'sir, master' 그리고 인도 영어에서는 영국 영어의 단어 의미에 대한 확대나 교체가 빈번하다. 예를 들면, *co-brother* 'wife's sister's husband', *cousin-sister* 'female cousin', *eve-teasing* 'teasing girls', *furlong* '1/8 of a mile', *hotel* 'restaurant, cafe', *jawan* 'soldier', *police firing* 'shooting by police' *ryot* 'farmer', *tiffin* 'lunch'이다.

2. 필리핀 영어와 문화

2.1 필리핀의 사회언어학적 상황

필리핀은 1521년 마젤란이 세부섬에 도착한 이후 1898년까지 스페인의 식민지였다. 이후 약 50년간은 미국의 식민지였으나 1946년에 독립 국가가 되었다. 필리핀은 동양적인 문화 요소를 가지고 있는 동시에 서양의 문화와 이슬람의 문화 등 다양한 문화적 요소가 섞여 있는 매우 특색 있는 나라로 설명된다(박영준 외 2004). 필리핀은 다인종·다민족 국가로 국민의 대다수가 말레이인과 인도네시아인이지만, 인도인과 중국인 등 다양한 인종이 거주하고 있다.

필리핀은 다언어 국가로 오스트로네시아(Austronesian) 어족에 속하는 약 90개의 토착어가 사용되고 있다(Trudgil & Hannah 2002: 138). 사용 인구가 많은 방언으로는 타갈로그어(Tagalog), 세부아노(Cebuano), 일로카노(Ilocano), 비콜(Bikol)이다. 필리핀 방언 중에 가장 많이 사용되는 타갈로그어도 북부 지역을 중심으로 한정되어, 전체 언어 사용률은 25%에 지나지 않는다. 필리핀의 공용어는 타갈로그어 형태의 필리핀어(Pilipino)와 영어이다.

필리핀은 동남 아시아에서 가장 많은 영어 화자들이 있다. 필리핀에서 영어는 공통 언어, 제2 언어, 소통 언어, 교육 언어, 보충 언어이다. 영어에 대한 필리핀인들의 시각은 두 가지이다. 연속선상에서 한 쪽은 영어가 필리핀의 문화 유산이므로 일상에서 뗄 수 없는 것이란 입장이고,

다른 한 쪽은 영어가 필리핀의 식민지 문화 근성을 길러 주었기 때문에 강의 언어로는 적절하지 않다는 입장이다.

2.2. 필리핀 영어의 특징

2.2.1. 필리핀 영어의 음 체계 및 발음

필리핀 영어(Philippino English, PhilEng)의 음 체계 및 발음 상의 특징은 다음과 같다(Trudgill & Hannah 2002: 138). 우선 필리핀 영어에서 모음은 서로 구별이 되지 않는 경우가 많은데, 예를 들어 /ɪ/-/i/, /ʊ/-/u/, /æ/-/ɑ/, /ɔ/-/ou/가 동일하게 발음된다. 필리핀 영어는 /r/음화 한다. 유성 마찰음 /z/와 /ʒ/는 /s/와 /ʃ/로 대체되고, /Θ/, /ð/는 /t/와 /d/로 자주 융합되어 발음된다. 그리고 /š/와 /ž/, /s/와 /z/ 사이에 구별이 없어, pleasure를 'pleashure'로, seize와 cease를 동일하게 발음한다.

2.2.2. 필리핀 영어의 문법

필리핀 영어 문법의 특징은 다음과 같다(Trudgill & Hannah 2002: 139). 필리핀 영어 화자들은 3인칭의 현재 시제 동사형에서 -s를 첨가하지 않는 경향이 있다. 또한 부정 관사를 적게 사용하고 (예: He is teacher.), 목적어나 보어가 자주 생략한다 (예: I don't like.). 그리고 모국어 화자들이 현재 완료형을 기대하는 위치에 필리핀 영어 화자들은 '대과거·과거완료(pluperfect)'형을 사용하는데, 예를 들면, He had already left. 'He has already left'가 빈번히 관찰된다.

Thompson(2003: 53)에 따르면, 필리핀 영어 화자들은 과거 표시 단어와 함께 현재 완료형을 사용할 곳에 완료 시제형(예: I have seen him yesterday.)을 지나치게 사용하고, 습관적 행동에 대해서도 진행형(예: He is going to school regularly.)을 지나치게 자주 사용한다.

2.2.3. 필리핀 영어의 어휘

필리핀 영어에는 특징적으로 스페인어, 타갈로그어, 다른 토착어에서 차용된 다수의 어휘가 사용된다 (Trudgill & Hannah 2002: 139). 스페인어로부터 차용된 예는 *asalto* 'surprise party', *estafa* 'fraud', *querida* 'girlfriend'이고, 토착어에서 차용된 예는 *boondock* 'mountain', carabao 'water buffalo', *kundiman* 'love song'이다. 타갈로그어에서 차용된 단어의 예는 *barangay* 'community', *carabao* 'water buffalo'이다 (Thompson 2003: 51-54). 또한 필리핀 영어에는 새로운 의미를 나타내는 어휘가 있는데, 빈번하게 사용되는 신조어에는 *carnap* 'to steal a car', *comfort room/CR* 'washroom, toilet', *bed-spacer* 'one who rents a bed in a dormitory'이 있다.

3. 홍콩 영어와 문화

3.1. 홍콩의 사회언어학적 상황

홍콩은 2차 세계 대전 직후, 중국의 광둥과 다른 지역으로부터 지속적인 이민 물결로 인해 인구가 급속히 증가하였다. 중국 남부 지역에서 영어의 기원은, 영국의 첫 무역선이 마카우(Macau)와 광둥(Canton)에 정박한 1637년으로 거슬러 올라간다. 1960년대부터 1990년대까지 '현대 홍콩식 광둥어(modern Hong Kong Cantonese)'의 지위가 상승하였고 광범위한 공공 영역에서 사용이 증가하였다(Bolton 2002: 2-4). 18세기와 19세기 초반 광둥 무역의 발전과 함께, 광둥과 마카오에서는 특이한 중국식 피진 영어가 출현하게 되었다.

홍콩이 특별 자치국이 되면 영어 역할은 감소되는 반면, 행정, 법률, 교육 등의 다양한 사회 영역에서 중국어가 권장될 것이란 예측은, 홍콩이 특별 자치국이 된 1997년 현실화되지 않았다(Bolton 2002: 8). 정부는 행정상 공식어로 '삼중 언어(trilingual)'를 채택함으로써 자유로운 언어 정책을 표방하였다. 따라서 광둥어(Cantonese), 푸통후아(Putonghua), 영어가 홍콩의 공식적인 구두 언어로, 문어체 중국어와 영어가 홍콩의 공식적인 문자 언어로 장려되었다. 하지만 권력 이양 이후 행정 분야에서 광둥어의 위상이 높아졌다는 것에는 이견이 없다.

홍콩 영어는 주로 정부, 군사 행정, 법률, 비즈니스, 미디어와 관련된 영역에 제한적으로 사용되고 있다. 인구의 98%가 중국 광둥어를 모국어로 사용하고, 1974년에야 중국어가 영어와 함께 공용어·공식어로 인식되었다. 홍콩에서 영어는 제2 언어나 외국어 모델에 엄격하게 부응하지 않는다는 측면에서 특이하다(Luke & Richards 1982, Platt 1982). 홍콩에서 영어와 중국어가 공평하게 공용어`공식어의 지위를 갖고 있지만, 영어는 명실상부한 힘의 언어이고, 광둥어는 결속력의 언어이다(Cheung 1984, Luke & Richards 1982).

3.2. 홍콩 영어의 특징

3.2.1. 홍콩 영어의 음 체계 및 발음

홍콩 영어의 음 체계 및 발음상 특징은 다음과 같다 (Hung 2002). 첫째, 다른 영어 변이형에서 구별되는 모음 대조가 홍콩 영어에는 존재하지 않는, 축소된 모음 체계이다. 영국의 RP에는 11개 모음이 있는 반면, 홍콩 영어에는 7개의 모음([i], [ɛ], [u], [ɔ], [ɑ], [ʌ], [ɜ])이 있다. 둘째, 홍콩 영어에는 긴장 모음 대 비긴장 모음, 장모음 대 단모음의 구별이 없다. 셋째, 홍콩 영어에는 8개의 이중모음([eɪ], [ɔɪ], [aɪ], [ɪə], [aʊ], [ɛə], [oʊ], [ʊə])이 존재한다. McArthur(2002)에 의하면, 홍콩 영어는 /r/음화하지 않고, 어미에 나타나는 성문 폐쇄음, 특히 /p/, /t/, /k/가 스타카토 형식으로 발음되고, 자음군이 일상적으로 축소된다.

3.2.2. 홍콩 영어의 문법

홍콩 영어의 문법적 특징을 McArthur(2002)는 다음과 같이 설명한다. 첫째, 동사 to be의 현재 시제형이 종종 생략된다. 둘째, 홍콩 영어에서는 I tell him this morning to do it. 'I told him this morning to do it.'처럼 과거와 미래의 사건을 묘사할 때 현재 시제를 일반적으로 사용하고, 시간의 상세 정보는 문장의 다른 단어나 구에 의해 나타낸다. 마지막으로, 문장의 주어에 대한 '전항(foregrounding)'이 나타나는데, 예를 들면, 안내문 Passengers who take the ferry service from Ma Liu Shui, they can enjoy a free ride from Tap Mun to Wong Shek.이다.

3.2.3. 홍콩 영어의 어휘

홍콩 영어 어휘에서 관찰되는 특징은 다음과 같다(McArthur 2002). 첫째, 홍콩 영어의 특징적인 어휘에는 세 가지 출처가 있다. 곧 *dim sum, yam cha*처럼 중국어에서 유래된 것, *dragon boat*처럼 차용 번역된 것, *godown, shroff*처럼 과거 영국의 아시아 식민지 국가에서 흔하게 사용된 표현이다. 둘째, 홍콩에서만 특별히 많이 사용되는 중국 배경의 단어와 구가 있다. 예를 들면, *pak choi*는 직역하면 '흰색의 야채'지만 중국 양배추를 가리키고,. *siu mai*는 직역하면 '염가 매출의 열기'지만 실제는 찐만두를 의미한다. 셋째, 다른 어휘에서 유래한 표현들도 다수 사용된다. *amah*는 포르투갈어에서, *nullah*는 힌디어에서, *shroff*는 아랍어에서 유래했다.

마지막으로, 홍콩 영어 화자들이 특이한 축약어를 자주 사용한다는 것이다. 예를 들면, Exco 'Executive Council', Legco 'Legislative Council', Ills 'illegal immigrants', ABC 'an Australian-born Chinese, (especially in Hong Kong) an American-born Chinese)이다. 또한 *banana*는 서구화된 중국인을, BBC는 영국 태생 중국인을 가리킨다. *black hand*는 정치나

범죄 활동을 계획하는 막후 조종자를, Chinglish는 중국어의 영향을 강하게 받은 영어 변이형을 지칭한다.

본 장에서는 동남 아시아에서 영어를 제2 공용어로 사용하는 인도, 필리핀, 홍콩의 사회언어학적 상황과 함께 각국 영어의 특징을 음 체계 및 발음, 문법, 어휘를 중심으로 논의하였다. 인도, 필리핀, 홍콩 영어는 음 체계가 축소되고, 배경 언어와 지역 언어의 영향으로 상당히 현지화·토착화되었으며, 어휘에서 적지 않은 차용어가 포함되었다는 등의 공통된 특징이 있다. 국제화 시대 동남 아시아에 대한 관심의 증대와 다방면에서의 교류가 활발한 상황에서, 인도, 필리핀, 홍콩의 사회언어학적 상황 및 영어의 특징에 대한 본 장에서의 논의가 글로벌 커뮤니케이션에 긍정적으로 활용되고, 언어의 현지화·토착화 및 언어 접촉에 대한 이해의 폭을 넓히는 데에 활용되길 기대한다.

제9장

아프리카 영어와 문화

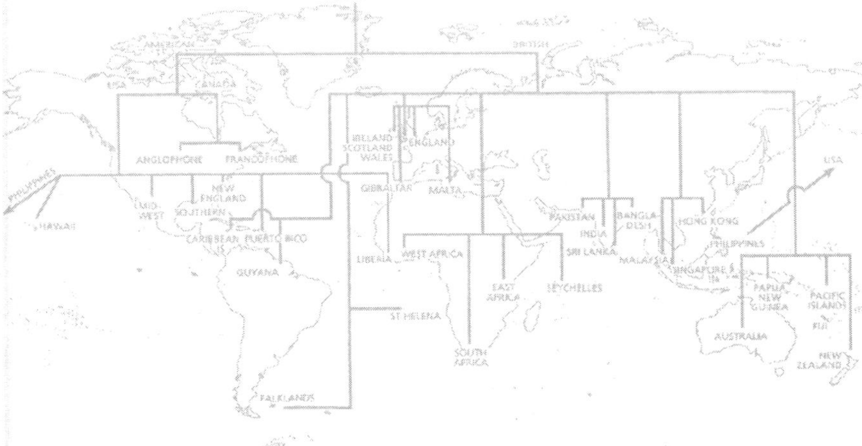

아프리카의 대부분 국가에서 영어는 주로 공용어·공식어, 제2 언어로 사용된다. Trudgill & Hannah(2002: 123)에 따르면, 대단위 영어 모국어 화자 공동체가 리베리아(Liberia), 남아프리카(South Africa), 짐바브웨(Zimbabwe), 케냐(Kenya)에 있지만, 제2 언어 화자들 공동체가 더 많다. 그리고 탄자니아(Tanzania)와 케냐에서 영어는 교육과 행정상 목적으로 아주 광범위하게 사용된다. 영어가 공용어·공식어 지위를 갖고 제2 언어 링구아 프랑카로 광범위하게 사용되는 국가는 잠비아(Gambia), 시에라레온(Sierra Leone), 가나(Ghana), 나이지리아(Nigeria), 카메룬(Cameroon), 나미비아(Namibia), 보스와나(Botswana), 레소토(Lesotho), 스와질랜드(Swaziland), 잠비아(Zambia), 말라위(Malawi), 우간다(Uganda)이다.

아프리카에서 영어가 제2 언어로 사용되는 많은 곳에서 영어는 이미 현지화 되었거나 되고 있는 중이다(Trudgill & Hannah 2002: 124). 곧 제2 영어 변이형이 광범위하고 빈번하게 사용된 결과, 해당 지역의 대다수 화자들이 준수하는 비교적 일관되고 고정된 용례상의 지역적 규범이 획득되었거나 획득되고 있다. 이런 변이형은 지역 언어의 영향 때문에 모국어 화자들의 영어와는 상당한 차이가 있다. 본 장에서는 아프리카의 사회언어학적 상황 및 영어의 특징을 남아프리카, 서아프리카, 동아프리카 지역을 중심으로 주로 Trudgill & Hannah(2002)에 기초하여 탐구한다.[9]

9) 본 장은 송경숙(2007)의 10장, Trudgill & Hannah(2002)에 주로 기초함.

1. 남아프리카 영어와 문화

1.1. 남아프리카의 사회언어학적 상황

남아프리카(South Africa)에서 영어는 1806년 독일의 케이프(Cape) 점유와 함께 시작되었지만, 진정한 의미의 시작은 1820년 영어 사용자들의 동케이프(Eastern Cape)로의 이주, 1848년에서 1862년 동안 나탈(Natal)로의 이주, 1870년대 위워터스랜드(Witwatersrand)로의 이주 이후이다(Klerk 1996: 7).

남아프리카에서 영어는 1822년 공용어·공식어가 되었고, 주로 법률과 교육, 공공 영역에서 사용되고 있지만 항상 소수의 언어였다. 독일인이 케이프에 정착한 이래 사용되어진 남아프리카식 네들란드어어인 '아프리칸스어(Afrikaans)'가 1925년 공용어·공식어가 된 이후, 권력층 백인 다수의 제1 언어로서 네들란드계 아프리카인들의 정체성을 나타내는 중요한 상징이 되었다.

'남아프리카 영어(South African English, SAfEng)'는 링구아 프랑카로서, 표준 영어에 대한 지식이 사회적 이동 및 발전과 직결된다는 측면에서 다른 국가들과 유사하다. 남아프리카 영어는 미국과 캐나다를 중심으로 한 북반구 영어 변이형과 대조를 보이면서 남부적 특징을 나타낸다(Klerk 1996: 10). 상이한 문화적·지역적 배경, 특이한 정착 연도, 인구·통계학적 세부 사항으로 인하여, 남아프리카 영어는 북반구 영어와 확연하게 구별된다. 또한 남아프리카 영어에서 다양한 '어형(lects)'은 사회적·지역적 변인들과 상호 연관된다. 남아프리카에서 영국 영어의 매력은 매우 강하고, 지역성을 강하게 나타내는 남아프리카 영어인 '케이프 영어(Cape English)'에 대한 거부는 백인 영국계 남아프리카인들 간에 사회·문화적 구분을 야기했다.

남아프리카의 공용어·공식어로 '남아프리카 잠정 헌법(South African Interim Constitution)'에서 공포하는 11개 언어는 아프리칸스어(Afrikaans), 영어, 은데벨레어(isiNdebele), 소토어(Sesotho saLebowa), 스와티어(SiSwati), 총가어(Xitsonga), 츠와나(Setswana), 벤다어(TshiVeda), 코사어(isiXhosa), 줄루어(isiZulu)이다.

남아프리카 공화국의 영어 사용 실태를 Trudgill & Hannah(2002: 27-28)는 다음과 같이 설명한다. 3천만 명 정도의 인구 중 약 70%는 주루어(Zulu), 코사어(Xhosa), 소토어(Sotho), 트스와나어(Tswana) 같은 반투어(Bantu)를 구사한다. 인구의 약 20%는 아프리칸스어를 구사하고, 소수는 힌디어나 타밀어 같이 인도와 관련된 언어를 구사한다. 1820년대 이후 남아프리카에서 상당수 화자들이 영어를 사용하였고, 약 2백만의 백인, 1백만의 유색인, 그리고 인도계 화자가 영어를 모국어처럼 사용한다. 남아프리카에서 영어는 또한 제2 언어로 광범위하게 사용된다.

1.2. 남아프리카 영어의 특징

1.2.1. 남아프리카 영어의 음 체계 및 발음

남아프리카 영어의 음 체계 및 발음상의 특징을 Trudgill & Hannah(2002: 28)는 다음과 같이 설명한다. 첫째, 남아프리카 영어 발음에서 일정한 변이가 관찰되는데, 이것은 RP나 유사-RP에서부터 남아프리카 사투리 영어에 이르는 변이이다. 둘째, dance 같은 단어에서 /ɑ:/를 갖고, 이중 모음은 강하게 단모음화된다. 셋째, naked village 같은 비강세 음절에서 /ə/를 갖고, very, many의 마지막 음절에서 /i:/를 갖는다. 넷째, 아프리칸스어의 영향으로 /p/, /t/, /ʧ/, /k/가 비기음화 곧 /h/음화하지 않는 경향이 있다. 마지막으로, 사이에 오는 /t/가 유성 설탄음 [d̬]로 되는 경향이 있고(예: better), /tj/, /dj/이 [ʧ], [ʤ]로 자주 발음된다(예: tune [ʧʉ:n]).

1.2.2. 남아프리카 영어의 문법

남아프리카 영어 문법의특징은 다음과 같다(Trudgill & Hannah 2002: 29-30). 우선, 인칭 시제, 조동사에 상관없이 모든 목적의 반응을 유도하는 질문에 is it?을 사용한다. 예를 들어, He's gone to town이란 발언에 남아프리카 영어 화자들은 Oh, is it?으로 반응한다. 그리고 no가 부정의 의미 없이 단순히 도입하는 기능의 불변화사로 사용된다. 예를 들어, How are you?란 질문에 남아프리카 영어 화자는 No, I'm fine, thanks라 답한다.

1.2.3. 남아프리카 영어의 어휘

남아프리카 영어에서도 호주와 뉴질랜드 영어에서처럼 다른 언어와의 접촉의 영향이 어휘에 잘 나타난다(Trudgill & Hannah 2002: 30). 잘 알려진 차용어의 예는 *impi* 'African warrior band', *indaba* 'conference'처럼 주루어, *dorp* 'village', *kraal* 'African village'처럼 아프리칸스어가 있다. *impi*는 아프리카 무인 밴드를, *dorp*는 마을을 각각 나타낸다.

2. 서아프리카 영어와 문화

2.1. 서아프리카의 사회언어학적 상황

서아프리카에서 영어는 15세기 말 전파된 후에 일부 해안 지역에서 링구아 프랑카로 간헐적으로 사용되었다. Crystal(2003)에 따르면, 19세기 초까지 무역과 반노예 무역 활동이 활발하면서 서아프리카 대부분의 해안으로 영어가 전파되었다. 수백 개의 지역 언어들과 경쟁하면서 영어는 특이한 자질을 갖춘 피진과 크레올로 등장하였다.

서아프리카에서 피진 영어와 크레올은 표준 영어와 함께 식민지 관리자, 선교사, 군인, 무역상들에 의해 사용되었다. 시에라레온, 가나, 잠비아, 나이지리아, 카메룬에서 영국식 영어는 발전하여 공용어·공식어가 되었고, 리베리아에서는 미국식 영어가 상대적으로 높은 영향력을 갖고 있다.

2.2. 서아프리카 영어의 특징

2.2.1. 서아프리카 영어의 음 체계 및 발음

서아프리카 영어(West African English, WAfEng)의 음 체계 및 발음상의 대표적인 특징은 다음과 같다(Trudgill & Hannah 2002: 125-126). 첫째, 서아프리카 영어의 모음 체계는 대다수 모국어형의 영어 모음 체계와 비교할 때, 모음 대조가 부족한 축소된 형이다. 둘째, /r/음화하지 않아서, ten과 turn이 동일하게 발음된다. 셋째, 단어 끝이 mb로 끝나는 단어는(예: bomb, climb, plumb) 어미가 /b/로 발음될 수 있고, -ng로 끝나는 단어(예: ring, long, bang)는 어미가 /ŋg/로 발음될 수 있다. 마지막으로, 어미 자음군이 last /las/, passed /pas/처럼 축소되는 경향이 있다.

2.2.2. 서아프리카 영어의 문법

서아프리카 영어 문법의 전형적인 특징은 다음과 같다(Trudgill & Hannah 2002: 126-127). 첫째, 서아프리카 영어 화자들은 I am going to cinema처럼 관사를 일반적으로 생략하고, 불가산 명사를 복수화하는 경향이 있다(예: I lost all my furnitures. The damages caused are great). 둘째, 재귀 대명사 themselves와 '상호 대명사(reciprocal pronoun)' each other 간의 구별이 없어, They like themselves는 'They like each other'을 의미한다. 셋째, 보편적인 부가 의문문 is it?을 인칭, 시제, 주절의 조동사에 상관없이 사용한다. 마지막으로, 질문에 대답할 때 yes/no를 비영어적으로 사용한다. 예를 들어, Hasn't he come home yet?이란 질문에 서아프리카 영어 화자들은 Yes를 He hasn't come home yet의 의미로, No를 He has come home의 의미로 답한다.

2.2.3. 서아프리카 영어의 어휘

서아프리카 영어와 다른 영어 변이형 간의 어휘상 차이는, 단어 의미나 문법적 기능에 대한 확대 및 조정을 포함한다(Trudgill & Hannah 2002: 127-128). 또한 토착어에 상응하는 어휘의 용례와 관련된다. 예를 들면, *again* 'anymore', *a been-to* 'someone who has "been to" Europe or North America', *guy* 'an outgoing, self-assured young man', *hot drink* 'alcoholic spirits, liquor'이다. 그리고 서아프리카 영어 어휘의 특징은 문학적 스타일이 매우 강하다는 것이다. 예를 들면, letter대신 epistle, buy 대신 purchase처럼 단어가 길거나 라틴어에서 유래한 단어를 사용하며, 글쓰기뿐만 아니라 구어에서도 복잡한 문법적 구조를 사용한다는 것이다.

3. 동아프리카 영어와 문화

3.1. 동아프리카의 사회언어학적 상황

동아프리카의 사회언어학적 상황을 Crystal(2003: 52)은 다음과 같이 설명하고 있다. 동아프리카에 16세기 말부터 영국의 배가 정박하였지만 체계적인 관심은 1850년대부터 비로소 시작되었다. 동아프리카의 일부 주들은 독립할 때, 영어에 공용어·공식어 지위를 부여하였다. 따라서 영국 영어가 이들 국가의 발전에 중요한 역할을 하였고, 행정, 법정, 학교, 미디어와 다른 공공 영역에서 광범위하게 사용되고 있다.

'동아프리카 영어(East African English, EAfEng)'로 분류되는 변이형은 케냐, 탄자니아, 우간다에서 제2 언어로 사용된다(Trudgill & Hannah 2003: 128). 말라위, 잠비아, 짐바브웨, 남아프리카에서 아프리카인들이 사용하는 영어와 매우 유사하다. 아프리카 동부 및 남부 대부분 지역에서 토착어 대다수는 반투어족에 속한다.

3.2. 동아프리카 영어의 특징

동아프리카 영어는 서아프리카 영어와 유사점뿐만 아니라 차이점도 있다고 Trudgill & Hannah(2002: 128-129)는 설명한다. 첫째, 발음과 관련하여 동아프리카 영어는 서아프리카 영어보다 모음 수가 적다. 둘째,

동아프리카의 다수 영어 화자는 /l/과 /r/을 구별하지 않고, 빈번하게 /ʧ/와 /ʃ/는 /s/로, /ʤ/와 /ʒ/는 /z/로 융합한다. 마지막으로, 동아프리카 영어 화자들은 말하기와 쓰기에서조차 토착어에서 유래한 적지 않은 단어들을 사용한다. 예를 들면, *askari* 'policeman', *chai* 'tea', *duka* 'shop', *kibanda* 'black market', *wananchi* 'fellow citizens'이다(Trudgill & Hannah 2002: 129)

본 9장에서는 아프리카의 사회언어학적 상황 및 영어 특징을 남아프리카, 서아프리카, 동아프리카 지역을 중심으로 논의하였다. 남아프리카 영어는 모국어 영어형에 속하지만, 그 외 아프리카 지역의 영어는 대표적인 제2 영어 변이형이다. 다언어 및 다민족 상황에서는 영어 변이형과의 차이가 가해성을 손상하지 않는다면 제2 영어 변이형이 모국어 영역에서 사용되는 것을 금지할 이유는 전혀 없다고 선행연구에서 지적되었다. 영어 모국어 화자들이 제2 영어 변이형 지역으로 여행할 때 모국어 영어형을 주장할 필요는 없다 (Crystal 2003, Klerk 1996, Mehrotra 1998).

오늘날의 글로벌 시대에 국내외에서 다양한 사회문화적 배경을 갖고 있는 지구촌 시민들과 제1의 링구아 프랑카인 영어로 의사소통하는 기회가 증가되고, 다양한 국가 출신의 영어 교사들이 한국에서 활동하는 상황에서, 효과적인 의사소통을 위해서는 다양한 국제사회, 세계 영어들의 특징에 대한 이해가 절실히 필요하고, 영어를 모국어, 제1언어, 제2언어, 공용어`공식어로 사용하는 국가들의 사회문화적 특징에 대한 이해가 필요하다.

참고문헌

박영준·시정곤·정주리·최경봉·장영준. (2004).『영어 공용화 국가의 말과 삶』. 서울: 한국문화사.

송경숙. (2002).『담화분석: 대화 및 토론 분석의 실제』 한국문화사.

송경숙. (2003).『담화 화용론』 한국문화사.

송경숙. (2004a). 영국 영어의 특성: 잉글랜드, 스코틀랜드, 웨일즈, 아일랜드를 중심으로.『언어 연구』 20(2): 85-107.

송경숙. (2004b). 미국 영어의 지역적 변이.『미국학 논집』 6: 100-125.

송경숙. (2005a). 호주 영어 및 호주 원주민 영어의 특징.『영어교육연구』 17(2): 159-178.

송경숙. (2005b). 싱가포르의 언어 정책 및 영어 특징.『사회언어학』 13(1): 83-105.

송경숙. (2005c). 아프리카계 미국인 영어의 특징.『문화콘텐츠연구』 10: 105-120.

송경숙. (2006a). 뉴질랜드 영어 및 마오리 영어의 특징.『영어교육연구』 18(4): 137-159.

송경숙. (2006b). 말레이시아의 언어 정책 및 영어 특징.『영어학』 6(4): 937-959.

송경숙. (2007).『국제 사회 영어의 이해: 세계 영어들』 한국문화사

송경숙. (2011a). 국제어·글로벌 언어로서의 영어: 언어태도 및 교육적 함축을 중심으로.『새한영어영문학』 53(1) 201-221.

송경숙. (2011b). 국제사회 영어에 대한 대학생들의 언어태도: 세계 영어들 교육을 중심으로.『영어학』 11(3): 497-519.

송경숙. (2015a) 표준 영어 및 표준 한국어에 대한 한국 대학생들의 언어태도 및 인식: 언어교육 및 사회언어학적 접근.『언어과학』 22(1): 71-93.

송경숙. (2015b). 세계 영어들 및 글로벌 영어 문화의 통합적 교육: 멀티미디어를 활용한 블랜디드 러닝을 중심으로.『영어교육연구』 27(4): 249-264.

송경숙. (2022). 특수목적영어(ESP)의 세계 영어들을 통한 통합적 교육.『새한영어영문학』 64(1): 93-116.

Aitken, A. (1984). Scottish accents and dialects. In Trudgill (ed.), *Language in the British Isles*, 94-114. Cambridge: Cambridge University Press.

Asmah, H. O. (1997). From imperialism to Malaysianisation: A discussion of the path taken by English towards becoming a Malaysian language. In Halimah & Ng (eds.), *English is an Asian Language - the Malaysian Context*, 12-21. Kuala Lumpur: Association of Modern Languages, Malaysia and The Macquarie Library Pty. Ltd.

Austin, J. (1962). *How To Do Things With Words. Cambridge*, MA: Harvard University Press.

Bailey, R. (1990). English at its twilight. In Ricks & Michaels (eds.), *The State of the Language*, 83-94. London: Faber & Faber.

Bailey, R. (1990). English at its twilight. In Ricks & Michaels (eds.). The State of the Language, 83-94. London: Faber & Faber.

Baker, S. J. (1966). *The Australian Language*. (2nd ed.). Sydney: Curranan.

Baldauf, R. and P. Djite. (2000). An Australian perspective: Second language teaching and learning in the university. In Rosenthal (ed.), *Handbook of Undergraduate Second Language Education*, 231-251. Lawrence Erlbaum Associates.

Baskaran, L. (1987). *Aspects of Malaysian English Syntax*. Unpublished doctoral dissertation, University of London.

Bauer, L. (1994). English in New Zealand. In Burchfield (ed.), T*he Cambridge History of the English Language Vol. V: English in Britain and Overseas. Origins and Developments*, 382-429. Cambridge: Cambridge University Press.

Bauer, L. (2000). The dialectal origins of New Zealand English. In Bell & Kuiper (eds.), *New Zealand English*, 40-52. Amsterdam/Philadelphia: John Benjamins Publishing Co.

Bell, A. (1982). 'This isn't the BBC': Colonialism in New Zealand English. *Applied Linguistics*, 3: 246-258.

Bell, A. and J. Holmes. (1990). *New Zealand Ways of Speaking English*. North Somerset, UK: Multilingual Matters Ltd.

Bell, A. and J. Holmes. (1992). New Zealand. In Cheshire (ed.), *English Around the World,* 153-168. Cambridge: Cambridge University Press.

Bell, A. and K. Kuiper. (eds.). (2000). *New Zealand English*. Amsterdam/ Philadelphia: John Benjamins Publishing Co.

Benton, R. (1966). Research into the English Language Difficulties of Maori School Children 1963-1964. Wellington: Maori Education Foundation.

Benton, R. (1991). Maori English: a New Zealand myth? In Cheshire (ed.), *English Around the World: Sociolinguistic Perspectives,* 187-199. Cambridge: Cambridge University Press.

Bliss, A. (1984). English in the south of Ireland. In Trudgill (ed.), *Language in the British Isles,* 135-151. Cambridge: Cambridge University Press.

Bolton, K. (2000). *The Sociolinguistics of Hong Kong and the Space for Hong Kong English.* New York/London: Basil Blackwell Ltd.

Bolton, K. (2002). *Hong Kong English: Autonomy and Creativity.* Hong Kong: Hong Kong University Press.

Bryant, P. (1985). Regional variation in the Australian English lexicon. *Australian Journal of Linguistics,* 5: 55-66.

Chambers, J. K. (1973). Canadian raising. *Canadian Journal of Linguistics,* 18: 113-135.

Chambers, J. K. (1975) *Canadian English: Origins and Structures*. London/ Toronto: Methuen Ltd.

Chambers, J. K. (ed.) (1979). *The Languages of Canada*. Paris/Montreal: Didier.

Chambers, J. K. (1987). The complementizer 'cerp'fer. *American Speech*, 62: 378-380.

Chambers, J. K. (1989). Canadian raising: blocking, fronting, etc. *American Speech*, 64: 75-88.

Chambers, J. K. (1991). Canada. In Cheshire (ed.), *English Around the World: Sociolinguistic Perspectives*, 89-107. Cambridge: Cambridge University Press.

Chambers, J. K. (1995). *Sociolinguistic Theory*. New York/London: Basil Blackwell Ltd.

Chambers, J. K. (1998a). Social embedding of changes in progress. *Journal of English Linguistics*, 26: 5-36.

Chambers, J. K. (1998b). English: Canadian varieties. In Edwards (ed.), *Language in Canada*, 252-272. Cambridge: Cambridge University Press.

Chambers, J. K. (2004). Sociolinguistics of immigration. In Britain & Cheshire (eds), *Social Dialectology*, 97-113. Amsterdam/Philadelphia: John Benjamins Publishing Co.

Chambers, J. K. (2008). English in Canada. In Tometro (ed.), *Varieties of World English*. London: Continuum International.

Cheshire, J. (1991). *English Around the World: Soiolinguistic Perspectives*. Cambridge: Cambridge University Press.

Clarke, (1993). *Focus on Canada*. Amsterdam/Philadelphia: John Benjamins Publishing Co.

Collins, P. and D. Blair. (2001). Language and identity in Australia. In Blair & Collins (eds), *English in Australia*, 1-16. Amsterdam/Philadelphia: John Benjamins Publishing Co.

Crystal, D. (1995). *The Cambridge Encyclopedia of the English Language*. Cambridge: Cambridge University Press.

Crystal, D. (1997). *English as a Global Language*. Cambridge: Cambridge University Press.

Crystal, D. (2003). *English as a Global Language* (2nd ed.). Cambridge: Cambridge University Press.

Deverson, T. (2000). Handling New Zealand English lexis. In Bell & Kuiper (eds.), *New Zealand English*, 23-39. Amsterdam/Philadelphia: John Benjamins Publishing Co.

Eades, D. (1995). *Aboriginal English*. Aboriginal Literacy Resource Kit Series. Sydney: Board of Studies.(http://www.une.edu.au/langnet/aboriginal.htm).

Edwards, J. (1998). *Language in Canada*. Cambridge: Cambridge University Press.

Ellis, A. J. (1869). *On Early English Pronunciation*. London: EETS.

Fasold, R. (1980). The amazing replicability of a sociolinguistic pattern. *Papers in Linguistics*, 13(2-4): 515-528.

Fasold, R. (1984/1987). *The Sociolinguistics of Society*. New York/London: Basil Blackwell Ltd.

Fasold, R. (1990). *The Sociolinguistics of Language*. Oxford: Basil Blackwell Ltd.

Ferguson, C. (1959). Diglossia. *Word*, 15: 325-340.

Fishman, J. (ed.) (1968). *Readings in the Sociology of Language*. The Hague: Mouton.

Fishman, J. (ed.). (1971). *Advances in the Sociology of Language*. Vol. 1. The Hague: Mouton.

Fishman, J. (ed). (1972a). *Advances in the Sociology of Language*. Vol. 2. The Hague: Mouton.

Fishman, J. (1972b). *Language in Sociocultural Change*. Stanford University Press.

Fishman, J. (ed.). (1978). *Advances in the Study of Societal Multilingualism*. The Hague: Mouton.

Fishman, J., Ferguson, C. and J. Das Gupta (eds.). (1968). *Language Problems of Developing Nations*. New York: John Wileg & Sons.

Foley, J., Gupta, A., Wee. L., et. al. (1998). *English in New Cultural Contexts: Reflections*

From Singapore. Oxford: Oxford University Press.

Giddens, A. (1990). *The Consequences of Modernity*. Cambridge: Polity Press.

Gill, S. K. (2002). Language policy and English language standards in Malaysia. *Journal of Asian Pacific Communication*, 21: 95-115.

Gimson, A. (1980/1990). *An Introduction to the Pronunciation of English (IPE)*, (3rd/6th ed.). London: Edward Arnold.

Gimson, A. (1984). The RP Accent. In Trudgill (ed.), *Language in the British Isles,* 45-54. Cambridge: Cambridge University Press.

Goffman, E. (1959). *The Presentation of Self in Everyday Life*. New York: Doubleday.

Goffman, E. (1974). *Frame Analysis*. New York: Harper & Row.

Goffman, E. (1981). *Forms of Talk*. Philadelphia: University of Pennsylvania.

Gonzalez, A. (1983). "When does an error become a features of Philippine English?" In Noss (ed), *Varieties of English in Southeast Asia*. 150-172. Singapore: Singapore University Press. (SEAMEO Regional Language Centre).

Gonzalez, A. (1985). *Studies in Philippine English.* Singapore: Regional English Language Centre Occasional Papers No. 39.

Gonzalez, A. (1992). Philippine English. In McArthur (ed.), *Oxford Companion to the English Language,* 765-767. Oxford: Oxford University Press.

Gonzalez, A. (1997). Philippine English: A variety in search of legitimation. In Schneider (ed.), *English Around the World,* 205-212. Amsterdam/ Philadelphia: John Benjamins Publishing Co.

Gopinathan, S. (1994). Language policy changes 1979-1997: Politics and pedagogy. In Gopinhathan, et al (eds.), *Language, Society and Education in Singapore: Issues and Trends,* 19-44. Times Academic Press.

Gordon, E. and T. Deverson. (1985). *New Zealand English: An Introduction to New Zealand Speech and Usage.* Auckland: Heinemann.

Gorlach, M. (1991). *Englishes: Studies in Varieties of English*. Amsterdam/ Philadelphia: John Benjamins Publishing Co.

Gough, D. (1996). Black English in South Africa. In Klerk (ed.), *Focus on South Africa*, 53-77. Amsterdam/Philadelphia: John Benjanmins Publishing Co.

Gupta, A. (1992). The pragmatic particles of Singapore colloquial English. *Journal of Pragmatics*, 17(3): 36-65.

Gupta, A. (1998). The situation of English in Singapore. In Foley, et al. (eds.), *English in New Cultural Contexts: Reflections From Singapore*, 106-124. Oxford: Oxford University Press.

Hassan, A. (2005). Language planning in Malaysia: The first hundred years. *English Today* 84, 21(4): 3-12.

Herring, S. (ed.). (1996). *Computer-Mediated Communication: Linguistic, Social and Cross-Cultural Perspectives*. Amsterdam/Philadelphia: John Benjamins Publishing Co.

Holmes, J. (1992). *An Introduction to Sociolinguistics*. London/New York: Longman.

Holmes, J. and A. Bell. (1990). Attitudes, varieties, discourse: An introduction to the sociolinguistics of New Zealand English. In Bell & Holmes (eds.), *New Zealand Ways of Speaking English*, 1-20. North Somerset, UK: Multilingual Matters Ltd.

Horvath, B. (1985). *Variation in Australian English*. Cambridge: Cambridge University Press.

Hua W. (1983). *Class and Communalism in Malaysia*. London: Marram Books.

Hughes, A. and P. Trudgill. (1996). English Accents and Dialects: *An Introduction to Social and Regional Varieties of English in the British Isles*. (3rd ed.). London: Arnold.

Hundt, M. (1998). *New Zealand English Grammar: Fact or Fiction?* Amsterdam/ Philadelphia: John Benjamins Publishing Co.

Hung, T. (2002). Towards a phonology of Hong Kong English. In Bolton (ed.), *Hong Kong English: Autonomy and Creativity*, 119-141. Hong Kong: Hong Kong University Press.

Hymes, D. (1974). *Foundations in Sociolinguistics: An Ethnographic Approach*. Philadelphia: University of Pennsylvania Press.

Iyer, P. (1993). The empire writes back. *Time*, 8(February): 48-53.

Jacob, J. (1990). A grammatical comparison of the spoken English of Maori and Pakeha women in Levin. Unpublished MA theses. Victoria University, Wellington.

Jones, D. (1917/1926). *An English Pronouncing Dictionary*(EPD). London: Dent.

Juhary, J. (2003). Malaysian English: Levels of Malaysian English and the features. Paper presented at the Conference of Science & Social Science Research.

Kachru, B. (ed.). (1982). *The Other Tongue: English Across Cultures*. Urbana, IL: University of Illinois Press.

Kachru, B. (1986). *The Alchemy of English: The Spread, Functions and Models of Non-native Englishes*. Oxford: Pergamon Press.

Kachru, B. (1988). The sacred cows of English. *English Today*, 16: 3-8.

Kachru, B. (ed.). (1992). *The Other Tongue: English Across Cultures*. Urbana, IL: University of Illinois Press.

Kachru, B. (1997). English as an Asian language. In Bautista (ed.), *English is an Asian Language: The Philippine Context*, 1-23. Manila: The Macquarie Library.

Kachru, B. (2006). World Englishes in Asian Context.

Klerk, V. (ed.) (1996). *Focus on South Africa*. Amsterdam/Philadelphia: John Benjamins Publishing Co.

Kuiper, K. and A. Bell. (2000). New Zealand and New Zealand English. In Bell & Kuiper (eds.), *New Zealand English*, 11-22. Amsterdam/ Philadelphia: John Benjamins Publishing Co.

Kuo, E. (1976). A sociolinguistic profile. In R. Hassan (ed.), *Singapore: Society in Transition*, 134-148. Kuala Lumpur: Oxford University Press.

Labov, W. (1969). Contraction, deletion and inherent variability in the English copula. *Lan-*

guage, 45(4): 715-762.

Labov. W. (1972a). *Sociolinguistic Patterns*. Philadelphia: University of Pennsylvania Press.

Labov. W. (1972b). *Language in the Inner City: Studies in the Black English Vernacular.* Philadelphia: University of Pennsylvania Press.

Labov, W. (1973). Some features of the English of Black Americans. In Bailey & Robinson (eds.), *Varieties of Present-Day English,* 236-257, New York: MacMillan.

Le Page, R. (1962). Multilingualism in Malay. Symposium on Multilingualism: Proceedings of the Second Meeting of the Inter-African Committee on Linguistics, July 16-21, Brazzaville, London: Committee for Technical Cooperation in Africa.

Le Page, R. (1984). Retrospect and prognosis in Malaysia and *Singapore. International Journal of the Sociology of Language,* 45: 113-126.

Lick, H. and L. Alsagoff. (1998). English as the common language in multicultural Singapore. In Foley, *et al. (eds.), English in New Cultural Contexts: Reflections From Singapore*, 201-217. Oxford: Oxford University Press.

Lowenberg, P. (1986). Sociolinguistic context and second-language acquisition: Acculturation and creativity in Malaysian English. *World Englishes*, 5(1): 71-83.

Lowenberg, P. (1991). Variation in Malaysian English: The pragmatics of languages in contact. In Cheshire (ed.), *English Around the World: Sociolinguistic Perspectives*, 364-375. Cambridge: Cambridge University Press.

Malcolm, I. (2001). Aboriginal English: Adopted code of a surviving culture. In Blair & Collins (eds.), *English in Australia*, 201-222. Amsterdam/ Philadelphia: John Benjamins Publishing Co.

McCallun, J. (1978). In search of a dialect: An exploratory study of the formal speech of some Maori and Pakeha children. *New Zealand Journal of Educational Studies*, 13: 133-143.

McArthur, T. (1979). The Status of English in and furth of Scotland. In Aitken & McArthur (eds.), *Languages of Scotland*, 50-67, Edinburgh: Chambers.

McArthur, T. (ed.). (1992). *The Oxford Companion to the English Language*.. Oxford: Oxford University Press.

McArthur, T. (2002). English in Hong Kong. *The Oxford Guide to World English*. Oxford: Oxford University Press.

Mehrotra, R. (1998). *Indian English: Text and Interpretation.* Amsterdam/ Philadelphia: John Benjamins Publishing Co.

Mitchell, A. (1965). *The Pronunciation of English in Australia*. Sydney: Angus and Robertson.

Mitchell, A. & A. Delbridge. (1965a). *The Speech of Australian Adolescents.* Sydney: Angus and Robertson.

Mitchell, A. & A. Delbridge. (1965b). *The Pronunciation of English in Australia.* Sydney: Angus and Robertson.

Mufwene, S. (2001). African-American English. In Algeo (ed), *The Cambridge History of the*

English Language, 291-324, Cambridge: Cambridge University Press.

Newbrook, M. (1997). Malaysian English: status, norms, some grammatical and lexical features. In Schneider (ed.), *English Around the World. Vol. 2,* 229-256. Amsterdam/ Philadelphia: John Benjamins Publishing Co.

Newbrook, M. (2001). Syntactic features and norms in Australian English. In Blair & Collins (eds.), *English in Australia*, 113-150. Amsterdam/ Philadelphia: John Benjamins Publishing Co.

Noss, R. (ed) (1983). *Varieties of English in Southeast Asia.* (RELC Anthology Series No. 11). Singapore: Singapore University Press. (SEAMEO Regional Language Centre).

Pennycook, A. (1994). *The Cultural Politics of English as an International Language.* London: Longman.

Platt, J. (1977). A model for polyglossia and multilingualism (with special reference to Singapore and Malaysia). *Language in Society*, 6(3): 361-378.

Platt, J. (1979). Variation and implicational relationships: copula realization in Singapore English. *General Linguistics*, 19(1): 1-14.

Platt, J. (1982). English in Singapore, Malaysia, and Hong Kong. In Bailey & G lach (eds.), *English As A World Language*, 384-413. Ann Arbor: University of Michigan Press.

Platt, J. (1991). Social and linguistic constraints on variation in the use of two grammatical variables in Singapore English. In Cheshire (ed.), *English Around the World*, 376-387. Cambridge: Cambridge University Press.

Platt, J. and H. Weber. (1980). *English in Singapore and Malaysia: Status, Features, Functions.* Kuala Lumpur: Oxford University Press.

Platt, J., Weber, H. and M. Ho. (eds.) (1983). *Singapore and Malaysia.* Amsterdam/Philadelphia: John Benjamins Publishing Co.

Platt, J., Weber, H. and M. Ho. (eds.) (1984). *The New Englishes.* London: Routledge and Kegan Paul.

Priestley, F. (1951). Canadian English. In Patridge & Clark (eds.), *British and American English since 1900*, 72-29. London: Andrew Dakers.

Rajadurai, J. (2004). The faces and facets of English in Malaysia. *English Today 80*, 20(4): 54-58.

Richards, J. (1979). Rhetorical and communicative styles in the new varieties of English. *Language Learning*, 29: 1-25.

Richard, J. and M. Tay. (1977). The "la" particle in Singapore English. In Crewe (ed.) *The English Language in Singapore*, 141-156. Singapore: Eastern Universities Press.

Rickford, J. (1999). *African American Vernacular English.* New York/Oxford: Basil Blackwell Ltd.

Romaine, S. (1994). *Language in Society: An Introduction to Sociolinguistics.* Oxford: Oxford University Press.

Schneider, E. (1996). *Focus on the USA.* Amsterdam/Philadelphia: John Benjamins publishing Co.

.Shuy, R. (1967). *Discovering American Dialects*. Champaign, IL: NCTE.

Shuy, R. (1973). *Georgetown University Round Table on Languages and Linguistics 1972*. Washington, DC: Georgetown University Press.

Smith, R. (2005). Global English: gift or curse? *English Today 82,* 21(2): 56-62.

Song, K. (1993). *An Interactional Sociolinguistic Analysis of Argument Strategies in Conversational Discourse: Negotiating Disagreement and Conflict.* Ph.D Dissertation. Georgetown University, Washington, DC. (Ann Arbor, MI: UMI).

Song, K. (1994a). Dynamics of gender in Korean argumentative conversational discourse. *Cultural Performances*, 651-667. University of California at Berkeley.

Song, K. (1994b). Negotiation and management of conflict in Korean conversation. *The 21st LACUS Forum*, 651-667. Linguistic Association of Canada and United States.

Song, K. (1999). Metaphor and metonymy in political discourse. Paper presented at the International Cognitive Linguistics Conference. Stockholm: Stockhom University, Sweden.

Song, K. (2000). Metaphor and figurative expressions in computer-mediated communication. Paper presented at the International Pragmatics Conference. Budapest, Hungary.

Song, K. (2001). Framing in Korean computer-mediated communication. Paper presented at the Society for Text and Discourse Conference. University of Santa Barbara.

Song, K (2002). Gender ideology and gender identity in cyber communication. Paper presented at the International Gender and Language Association Conference, Lancaster University, UK.

Song, K. (2011). Teaching English as a global society language: English vs. World Englishes. Paper presented at the 2011 PKETA International Conference. BUFS, Korea.

Song, K. (2012a). Language attitudes toward standard English and World Englishes: A case of Korean university students. Paper presented at the WCSEL. Hanyang Univ. Korea.

Song, K. (2012b). Language awareness and attitudes toward standard English and World Englishes. Paper presented at the 2012 IAWE(International Association for World Englishes). Hong Kong City Univ. Hong Kong.

Song, K. (2013a). One English vs. World Englishes: Language attitudes and ideology. Paper presented at 2013 ACAH International Conference, Osaka, Japan.

Song, K. (2013b). One English or many Englishes?: Language attitudes toward standard English and World Englishes. Paper presented at 2013 ILA(International Linguistics Association). NY, U.S.A

Song, K. (2014). Innovative and renovative Inquires of global cultures in teaching world Englishes. Paper presented 2014 PKETA. Kyungbook University, Korea.

Song, K. (2015a). Innovative and renovative teaching global cultures and world Englishes: SNSS and BL(Blended Learning). Paper presented at the 42nd LACUS(Linguistic Association of Canada and United States), NY, USA.

Song, K. (2015b). Innovative teaching of cultural awareness and world Englishes in Korea. Paper presented at the 13th AsiaTEFL international conference. Nanjing University,

China.

Song, K. (2015c). Collaborative and blended learning of world Englishes and cultures. Paper presented at the 2015 GloCALL. Paichae University. Korea.

Song, K. (2016a). Teaching world Englishes through movies and empowering global awareness. Paper presented at 2016 AsiaTEFL & FELTA international conference FEFU(Far East Federal University), Russia.

Song, K. (2016b). Voices of world Englishes in multimedia. Paper presented at the 43rd LACUS(Linguistic Association of Canada & U.S.) Forum. St. Mary University, Canada.

Song, K. (2016c). Teaching and learning world Englishes through famous speeches. Paper presented at the 3rd AILA East-Asia & ALAK joint conference. Honam University, Korea.

Song, K. (2016d). Exploring global society, world Englishes through movies to empower cross-cultural awareness and global communication. Paper presented at 2016 SAI(STEM-ATEM-ICEM). Kookmin University, Korea.

Song, K. (2018). Harmonizing Global World Englishes in ESP: A Case of Tourism and Convention English. Paper presented at the 16th AsiaTEFL 2018 International Conference. University of Macau, Macau SAR, China.

Song, K. (2019). Peripherality and centrality of World Englishes in ESP. Paper presented at the 24th International Association of World Englishes International Conference. University of Limerick, Ireland.

Sonntag, S. (2003). *The Local Politics of Global English: Case Studies of Linguistic Globalization.* Lexington Books.

Spolsky, B. (1998). *Sociolinguistics.* Oxford: Oxford University Press.

Strevens, P. (1972). *British and American English.* London: Collier-Macmillan Publishers.

Strevens, P. (1980). *Teaching English as an International Language: From Practice to Principle.* New York/Oxford: Pergamon Press.

Strevens, P. (1992). English as an international language: directions in the 1990s. In Kachru (ed.), *The Other Tongue,* 27-39. Urbana, IL: University of Illinois Press.

Tannen, D. (1984). *Conversational Style: Analyzing Talk Among Friends.* Norwood, NJ: Ablex.

Tannen, D. (1986). *That's Not What I Meant: How Conversational Style Makes or Breaks Relationships.* New York: William Morrow. (Paperback: Ballantine).

Tanneh, D. (1989). *Talking Voices: Repetition, Dialogue, and Imagery in Conversational Discourse.* Cambridge: Cambridge University Press.

Tannen, D. (1990). *You Just Don't Understand: Women and Men in Conversation.* New York: William Morrow. (Paperback: Ballantine).

Tannen, D. (ed.) (1993). *Gender and Conversational Interaction.* Oxford: Oxford University Press.

Taylor, B. (2001). Australian English in interaction with other Englishes. In Blair & Collins (eds.), *English in Australia*, 317-340. Amsterdam/ Philadelphia: John Benjamins Publishing Co.

Tottie, G. (2002). *An Introduction to American English.* New York/London: Basil Blackwell Ltd.

Trudgill, P. (1984a). *Language in the British Isles*. Cambridge: Cambridge University Press.

Trudgill, P. (1984b). New-dialect formation and the analysis of colonial dialects: the case of Canadian Raising. In Warkentyne (ed.), Papers from the Fifth International *Conference on Methods in Dialectology,* 35-46. Victoria, BC: University of Victoria.

Trudgill, P., Afendras, E., Coulmas F. *et al*. (1995). On 'new/non-native' Englishes: A *gamelan* Discussion. *Journal of Pragmatics*, Vol 24. Issue 3.

Trudgill, P. and J. Hannah. (1982). *International English: A Guide to the Varieties of Standard English.* London: Edward Arnold.

Trudgill, P. and J. Hannah. (2002). *International English: A Guide to the Varieties of Standard English.* (4th ed.). London: Arnold, Oxford: Oxford University Press.

Wolfram, W. (1991). *Dialects and American English. Englewood* Cliffs: Prentice Hall.

Warren, P. and D. Britain. (2000). Intonation and prosody in New Zealand English. In Bell & Kuiper (eds.), *New Zealand English*, 146-172. Amsterdam/Philadelphia: John Benjamins Publishing Co.

Wee, L. (1998). The lexicon of Singapore English. In Foley & et al. (eds.), *English in New Cultural Contexts: Reflections From Singapore,* 115-200. Oxford: Oxford University Press.

Wells, J. C. (1982). *Accents of English. Vols 1, 2, and 3*. Cambridge: Cambridge University Press.

Wong, I. (1982). Native-speaker English for the third world today? *New Englishes,* 261-286. Newbury House.

Wong, J. (1994). A Wierzbickan Approaches to Singlish Particles. MA theses. National University of Singapore.

참고 웹사이트

http://www.une.edu.au/langnet/aboriginal.
http://www.geocities.com/atiejay/ subaugust03.htm.
http://en.wikipedia.org/wiki/Canadian_english.
http://en.wikipedia.org/wiki/British_and_Malaysian_English_ differences.
http://en.wikipedia.org/wiki/Malaysian_ English.
http://en.wikipedia.org/wiki/Manglish.
http://www.statcan.ca.